Unverschleiert in Saudi-Arabien
Laura Imsand

© axel dielmann – verlag
Kommanditgesellschaft in Frankfurt am Main, 2014
Donnersbergstraße 36, D – 60528 Frankfurt am Main
2. Auflage im Softcover, 2016
Alle Rechte vorbehalten.

Satz: Urs van der Leyn, Basel
Titelfoto Cover und Foto auf Buchrückseite: bei der Autorin
Karte auf Seite 4: Autorin und Verlag
Siehe auch www.dielmann–verlag.de
Printed in Germany

ISBN 978 3 86638 197 1

Unverschleiert in Saudi-Arabien

Laura Imsand

axel dielmann – verlag
Kommanditgesellschaft in Frankfurt am Main

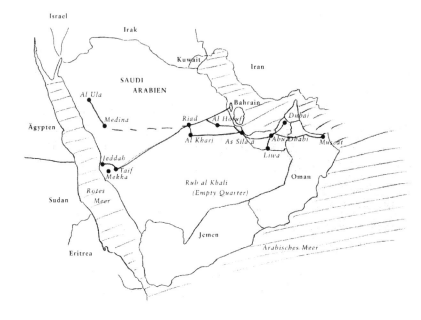

Entfernungen

Jeddah   960 km   *Riad*   1350 km   *Muscat*

INHALTSVERZEICHNIS

Ankommen	8
Mit Chauffeur statt Führerschein	11
Oase oder Gefängnis	15
Von Datteln, Stöcken und „Strandgut"	19
Überlebenskultur	24
Gebetszeiten-Shopping	33
Nie (?) Alkohol, immer (!) Abaya	37
Riad an sich (1)	43
Feilschen im Altstadt-Souk	49
Versteckte Nachrichten	54
Nur eine Perle in Bahrain	59
Die Tücken der Ikama	65
Durch die Wüste zum Edge of the World	68
Winter besser als „Frühling"	74
Überhaupt: Kinder, Jugendliche	78
Mada'In Saleh bei der Bagdad-Bahn	81
Riad an sich (2)	91
Mocktail-Time	95
Ladies Only	98
Glückliche Kühe im „Empty Quarter"	103
Misstrauen an den Grenzen	109
Nur vom Besten in Abu Dhabi	114
Dubai ist noch lange nicht fertig	119
Wenn im Oman Wasser bei Rot steht	125
Wegrandnotizen	130
Die Kaaba als Wegweiser	133
Riad an sich (3)	135
Nach Taif und Jeddah	145
Ausreisen dürfen	155
Danach	157
Glossar	158

Seit den Tagen in Taif weiß ich, was es heißt, auf Rosen gebettet zu sein: Samtseidiges, puderweiches Polster, wohlriechend und angenehm kühl. Blüten aus bunten Flechtkörben auf einen Mosaikboden gegossen. „Bitte hineinlegen!" sagt ein junger Saudi, der sich sofort Zeit für zwei Europäer nimmt, die im April zufällig in der Hinterhof-Manufaktur für Rosenöl stehen. Mitten in einer Lieferung frisch gepflückter Rosenblüten. Durch Blüten stapfen, die zum Wiegen mit bloßen Händen in hohe Plastikkörbe geschaufelt werden. Ein Lager aus Damaszener Rosen, Ölrosen, frühmorgens gepflückt von buschigen Sträuchern in kleinen, geschützten Gebirgsgärten. Vor dem Mittagsgebet müssen sie verarbeitet sein, sonst nimmt die Sonne zu viel der kostbaren Ausbeute. Das Öl riecht sanft holzig. Süß blumig duftet Rosenwasser als Nebenprodukt der Dampfdestillation. Lange Reihen eingemauerter Kessel, verbunden mit langen Trögen voll mit heißem Wasser. Seit hundert Jahren Familienbetrieb. Der Patron, einen Kopf kleiner als ich, kugelige Figur unter tabakbrauner Thobe, füllt mit einer Pipette grünliches Öl in kleine Flakons, die wie Schmuckstücke in samtbezogene, dunkelgrüne Schachteln platziert werden. Er bläst die allerletzten Tröpfchen Öl in der Pipette auf meine schwarze Abaya. Öl, das wir zum Großhandelspreis kaufen können. Immer noch teuer.

Ein Kilo Rosenöl entsteht hier aus vier- bis fünftausend Kilo Blüten. Blüten, direkt am Stil gekappt. Zum Abschied stopft der junge Mann, der uns mit gutem Englisch durch die Blütenhaufen führt, Rosen in eine Plastiktüte. Sie liegt drei Tage zwischen unserem Gepäck. Als ich endlich einen Grund finde, sie weiter zu verschenken, duften sie immer noch üppig. Taif, hoch im schroffen Gebirge. Im Winter kann hier Schnee liegen. Nach Taif kommt, wer im Sommer der Hitze der Wüste oder der Schwüle der Küste entfliehen kann, wer aus dem streng konservativen Riad über Mekka in das etwas weltoffenere Jeddah am Roten Meer fährt oder aus der traditionsreichen Hafenstadt in die wuchernde, junge Hauptstadt muss.

ANKOMMEN

Riad. Riyadh. Mitten in Saudi Arabien. Bei Sandsturm wird der Flughafen geschlossen. Wie sehr die Terminals an das Dach eines Palmenhains erinnern, ist mir erst nach einigen Abflügen, die ich von hier unternommen habe, aufgefallen. Beim Herumschauen mit viel Zeit nach Mitternacht vor dem Bording, wenn es mich zurück in den Westen zog. Eine Oase mit Wasserkaskaden, Palmen im Zentrum der Halle. Stände mit Sandwiches, Muffins, Säften, Kaffee, Wasser. Teppichflächen zum Gebet Richtung Mekka für die Männer. Der Gebetsraum für Frauen ist abgeschirmt. Riad. Riyadh. Vor dem Abflug gibt es zur Begrüßung an Bord nur Saft und Wasser. Kein Alkohol im saudischen Luftraum. Anders beim Anflug. Da bleiben die Gläser mit Wein oder Whisky lange stehen, bis kurz vor der Landung Hektik ausbricht. Stewardessen lassen alle Zeitschriften wegen möglicher freizügiger Fotos verschwinden. Zollbeamte, die vor dem Weiterflug an Bord kommen, sollen nicht verärgert werden. Passagiere aus westlichen Ländern, die in Riad aussteigen, mustern sich kurz. Sollte man sich kennen? Könnte man voneinander Hilfe erwarten, wenn es irgendwo Schwierigkeiten gibt?

Seltsam. Es geht nicht nur mir so: Wenn ich von Riad erzähle, verstehen viele Leute Dubai. Dubai als generischer Begriff für die Arabische Halbinsel. Dabei gehen die Uhren in Dubai ganz anders. Von einem Piloten aus Dubai wird erzählt, er habe beim Anflug auf Riad den Passagieren gesagt, sie müssten ihre Uhren jetzt eine Stunde zurück stellen – und um hundert Jahre. Doch diese Zeitspanne schrumpft. Langsam. Hin und wieder auch schneller, je nachdem, wer gerade Oberwasser hat im Duo der Herrschenden. Die machtbewussten Realpolitiker vom Stamme der Sauds oder die islamkonservative Geistlichkeit in der Nachfolge von Wahab. An den Abayas lässt es sich augenfällig ablesen. Wer länger im Land sein darf, achtet auf solche Zeichen.

Bei der Ankunft in Riad, zumindest bei der ersten, fehlt für solche Feinheiten der Spürsinn. Es fällt auch kein Blick auf die moderne Architektur der Hallen, sondern nur auf das Rollköfferchen des Vordermanns, der das Tempo vorgibt. Eilige Schritte. Möglichst schnell in der Ankunftshalle sein. Die Warteschlangen vor der Passkontrolle sind – wie überall – gefürchtet. Von einem Podest zwischen zwei Rolltreppen fällt der Blick in die Halle. Allgemeines Aufstöhnen, wenn mal wieder viele Menschen in breiten Schlangen vor den braunen, hoch verglasten Schaltern stehen. Dann übertrumpfen sich Unbekannte mit Stundenangaben, die sie hier schon hätten aushalten müssen. Ganz überwiegend warten Männer. Vor allem aus Pakistan, Bangladesch, den Philippinen oder Nepal. Dunkle Haut, volle, schwarzglänzende Haare. Beige, braune oder taubenblaue, lange Hemden über weiten Hosen, die Füße in offenen Schlappen, das Handgepäck in Beuteln. Anzugträger sind in der Minderzahl. Saudis in Landestracht auch. Und Touristen? Keine. Was nicht weiter wundert, denn die Kategorie „Tourist" fehlt auf dem Antrag für die Einreise. Ein Visum für Saudi-Arabien bekommt nicht jeder.

Frauen werden aus den langen Reihen heraus gewunken. Militärisch Uniformierte rufen dazu: „Family? Family?" Dieses Zauberwort erlöst auch die Männer, die Frauen begleiten. Ehemann, Bruder, Vater, Sohn. Sie dürfen mit an den Schalter, an dem Saudis und Bürger befreundeter arabischer Staaten oder Diplomaten zügig abgefertigt werden. Hier staut es sich selten. Auf die auffordernde Geste habe ich nie lange gewartet. Nur Blickkontakt musste ich herstellen. Das reicht. Mit den Augen geht erstaunlich viel: Zustimmen, danken, mustern, ignorieren – ja, und flirten. Daran kann man sich gewöhnen. Wie überhaupt an vieles, was aus der Ferne unmöglich und unglaublich erscheint. Nach einigen Wochen unter Menschen, die ganz überwiegend bodenlange Gewänder tragen, wirken tätowierte Haut oder kaum bedeckte Speckrollen auf mich nur noch abstoßend. Stattdessen bewundere ich die saudischen Schneider, die es schaffen, dass alle Gewänder der Männer immer genau und gleichmäßig über dem Boden enden, egal welchen Bauchumfang sie kaschieren. Und ich staune noch nach Monaten über die Frauen, die mit ihren schleppenlangen Abayas durch die Souks, durch die Malls gehen, ohne, wie ich immer wieder, in den Stoffsaum zu treten.

Seit ich die Abaya schon in der Ankunftshalle des Flughafens trage, wenn auch noch offen, um nicht zu stolpern, gelingt der Blickkontakt noch schneller. Das Schwarz fällt auf. Bevorzugte

Behandlung von Frauen in aller Öffentlichkeit. Was für ein Moment. Aber noch ist die Grenze zu Saudi-Arabien nicht passiert. Noch einmal Blickkontakt am Schalter. Junge Männer, die aus Kabinen den Reisenden gelangweilt ins Gesicht schauen. Das Visum am Computer prüfen. Den Pass stempeln. Beides zurückschieben mit einem fragenden Zusammenbuchstabieren meines Vornamens. Auf mein Kopfnicken dann ein „Welcome!" Eine für Saudi-Arabien geradezu unglaubliche Konversation zwischen einem Mann und einer Frau, die allein ist.

Nachnamen sind bedeutungslos, zu viele Saudis gehören zur selben Großfamilie. Nur die Vornamen unterscheiden sie voneinander. Vorname plus Vorname des Vaters. Und per Du ist man, wenn man den Namen des ältesten Sohnes kennt. Du, Vater des Sowieso. Subtile Überprüfung der Zeugungsfähigkeit, oder?

Am Gepäckband drängen sich dem Ankömmling Kofferträger auf. Sicher keine Saudis. Männer vom indischen Subkontinent, aus Südostasien. Männer, wie die in der langen Schlange vor der Passkontrolle. Lieber in Saudi-Arabien arbeiten, als – ich weiß es nicht, aber es muss offenbar Schlimmeres geben. Sie wuchten die Koffer auf Gepäckwagen, fahren sie zum Durchleuchten – zur Sicherheit und zum Aufspüren von versteckten Flaschen mit Alkohol. Nochmal abladen, wieder aufladen. Zeit, die Abaya zu schließen, ein Kopftuch für den Bedarfsfall um den Hals zu wickeln. Und Bedarfsfälle gibt es immer wieder. Sei es aus Höflichkeit, wegen eines Sandsturms oder aus Unlust, mit offenen Haaren begafft zu werden. Ich erlaube mir ein wenig Nonkonformismus: Den zur Abaya gehörigen, passenden Schal, als Hijab zum Bedecken der Haare gedacht, ersetze ich durch eine Mantilla oder ein farbiges, großes Seidentuch. Eine Nikab vor dem Gesicht brauche ich nicht. Auch selbstbewusste, gebildete saudische Frauen lassen den Gesichtsschleier durchaus weg. Es sei denn, sie wollen gerade nicht erkannt werden. Und von Burka ist in Saudi-Arabien ohnehin nicht die Rede. Diese Ganzkörperhülle aus Afghanistan mit eingewebtem Gitterfenster in Höhe der Augen trägt hier niemand.

Sobald ich mit dem Gepäck in die Ankunftshalle komme, löst sich Gewohntes aus Europa auf. Jetzt brauche ich einen Mann, der mich abholt. Es muss ein Mann sein, mit dem ich verheiratet oder verwandt bin, um nicht gegen die saudischen Sitten zu verstoßen. Notfalls tut es ein Fahrer. Warum privat angestellte Fahrer als geschlechtslos oder Teil der Familie gelten, habe ich nie begriffen. Jedenfalls: Taxi geht nicht. Weil Frau allein nicht geht in diesem Land. Für ein Taxi bräuchte ich wenigstens eine zweite Frau neben mir auf dem Rücksitz. Frau allein geht allerhöchstens mit einem Einkaufswagen im Supermarkt. Aber schon nicht mehr bei einem Halt an einer Autobahn-Tankstelle. Allein Richtung Toilette? Immer bei der Tankstellen-Moschee, meist beim Eingang zum Gebetsraum für Frauen, oft unsäglich verdreckt. Auf dem kurzen Weg vom Auto zur Moschee begleiten notfalls junge Söhne ihre Mütter bis zu der Mauer, die den Eingang zu den Waschräumen abschirmt. Als Frau von einem anderen Kontinent erlaube ich mir, die paar Schritte allein unterwegs zu sein. Aber „Meinmann" – ja, Meinmann, und als solcher unabdingbar für mein saudisches Dasein – parkt immer in der Nähe, behält meine Wegstrecke im Blick, telefoniert mir hinterher, falls ich länger als gewöhnlich brauche, um entlang der Moscheemauern den Abtritt zu finden.

In der Ankunftshalle des Flughafens entdecken wir uns schnell, fremd wie wir sind, trotz der dichten Reihen wartender Männer, überwiegend Fahrer. Zur Begrüßung muss ein liebevoller Blick genügen. Kein Kuss, keine Umarmung. Wir wollen ja eine Weile im Land bleiben dürfen. Meinmanns Fahrer geht mit meinen Koffern voraus zum Auto. Ein hochgewachsener Pakistani, sanftäugig, etwas mehr als mittelalt. Ganz in Weiß gehüllt, mit knielangem Hemd, weiten, langen Hosen, dicksohligen Sandalen an den bloßen Füssen.

MIT CHAUFFEUR STATT FÜHRERSCHEIN

Chauffeur – eine verbreitete Dienstleistung für Familien, für unabhängig agierende Frauen und für Männer, die sich nicht selbst durch den saudischen Verkehr arbeiten wollen. Und unerlässlich für frisch eingeflogene Ausländer. Die nämlich dürfen kein Auto lenken, egal ob Frau oder Mann. Da hilft auch kein internationaler Führerschein. Nötig ist immer ein saudischer. Und den bekommen nur Männer mit

Aufenthaltserlaubnis und nach einer Führerscheinprüfung. Diese Prüfung beschränkt sich auf den Nachweis, vorwärts und rückwärts um eine Kurve steuern zu können. Immerhin. Doch es hilft nicht viel. Angeblich kommen Leute selbst von den geraden Straßen durch die Wüste ab. Etwa aus Müdigkeit auf dem Rückweg von einem alkoholreichen Wochenende in Bahrain. „Wie heißt die längste Bar in Saudi-Arabien? – Bahr-ain." – Nicht wirklich witzig, aber zutreffend. Auch erstklassige Hotels in der dortigen Hauptstadt Manama bieten „Lounge-Tarife" an, die in eigens hierfür vorgesehenen Räumlichkeiten täglich zehn Stunden ungebremsten Alkoholgenuss erlauben.

Den Verkehr in Riad beschreiben? Vielleicht so: Im nördlichen Europa benehmen sich Autofahrer (meist) wie Zugvögel, klare Richtung, ziemlich geordnet. In China ähnelt der Verkehr einem Schwarm Fische, ständig in Bewegung, auch der Querverkehr muss mit schwimmen. In Riad gleichen die Autofahrer einer Herde durstiger Ziegen auf dem Weg zur Wasserstelle – über Stock und Stein, schräg über alle Fahrspuren, mit zwei Reifen auf dem Mittel- oder Randstreifen. Egal wie, Hauptsache, so schnell wie möglich vorwärts. Vollbremsung. Stau auf der linken Überholspur, weil zum Richtungswechsel an Kreuzungen ein „U-Turn" gehört. Was erklärt, warum mancher Ausländer, mancher Saudi, der es sich leisten kann, gänzlich auf das Selberfahren verzichtet. Nur so lässt sich vermeiden, in Unfälle verwickelt zu werden, dem damit verbundenen Ärger, dem Zeitaufwand, der denkbaren polizeilichen Willkür und rechtlichen Ungewissheit. Andere gewöhnen sich daran, schaffen es, im Kreisverkehr auch mal gegen die allgemeine Richtung zu fahren, wenn das kürzer ist. Wer auf den Autobahnen durch Wüste oft genug über den unbefestigten Mittelstreifen auf die Gegenspur gefahren ist, um zur einzigen Tankstelle auf zweihundert Kilometern zu gelangen, findet das nur noch naheliegend. Diesen Autofahrern mit ihren sandverklebten Jeeps weicht jeder lieber aus. Aus Respekt vor der bewältigten Strecke und aus Vorsicht wegen des offenkundigen Draufgängertums.

Sandverklebt sind Autos nach Überlandfahrten, wenn vor allem die Frontpartie einschließlich Rückseiten der Außenspiegel mit

Geschirrspülmittel eingeschmiert wurde. Auf dem Seifenfilm bildet sich schnell ein Sandpanzer, der vor Lackschäden schützt. Nach einigen Monaten im Lande, endlich ausgestattet mit einem saudischen Führerschein, lag im Geländewagen von Meinmann neben der Kühlbox für Trinkwasser, einer Notration Lebensmittel und dem Kompressor für die Reifen immer auch ein Fünf-Liter-Kanister mit Spülmittel. Über diese extragroßen Flaschen hatten wir uns bei den ersten Streifzügen durch Supermärkte noch gewundert.

Innerstädtische Geschwindigkeiten jenseits der 120 km/h sind in Riad seltener geworden, seit es Radarfallen gibt. Eine spezielle Verkehrspolizei verhängt seit 2011 hohe Bußen. Was dazu geführt hat, dass in der lokalen *Saudi-Gazette* zornige Eltern beruhigt werden mussten mit Hinweisen auf die Leben rettende Wirkung von etwas mehr Verkehrssicherheit. Zornige Eltern, die es satt hatten, die Bußgelder für ihre Söhne zu zahlen. Sie wollten der Polizei Einhalt gebieten, nicht den Söhnen. Die Zeitung berichtete einigermaßen empört vom Mord an einem Geschwindigkeits-Polizisten und verwies auf eine Statistik, nach der Saudi-Arabien bei der Zahl der Verkehrstoten pro Einwohner weltweit zur Spitze zählt.

Saudische Frauen versicherten mir, das Leben mit Chauffeur statt Führerschein sei angenehm einfach. Kein Stress im Verkehrsgewühl, auch keiner bei der Parkplatzsuche. Aber Veränderungen kommen. Langsam, aber ziemlich sicher. Mit Leitartikeln und Leserbriefen vertröstet die *Arab News* auf Irgendwann. Manche der Autoren meinen, Frauen am Steuer könnten den Verkehr beruhigen und verweisen darauf, dass Frauen zu Mohammeds Zeiten auf Reittieren unterwegs gewesen seien. Andere halten dagegen. Frauen bedeuteten zusätzliche Aufregung im ohnehin chaotischen Straßenverkehr. Aus diesem guten Grund verstoße eine Fahrerlaubnis für Frauen gegen die saudisch-islamischen Sitten. Dass außerhalb des Königreichs muslimische, auch saudische Frauen ihre Autos selber lenken, spielt keine Rolle. Dass auch im Land diese Regeln nicht überall befolgt werden, wird gern übersehen. Etwa in der Wüste, wo die Beduinen tun, was sie für nützlich halten. Oder auf Privatgelände. Es gibt viele Quadratkilometer, auf denen die Moralpolizei nichts zu suchen hat. So auf den ausgedehnten Anlagen der Saudi Aramco in Dhahran, in der Nähe der langen Brücke über den Arabischen Golf nach Bahrain. Oder auf dem riesigen Campus der King Abdullah University of Science and Technology – inzwischen weltweit kurz KAUST genannt – bei Thuwal, nördlich von Jeddah am Roten Meer. Auffällig werden nur die Frauen, die auf Youtube zeigen, dass sie auf öffentlichen Straßen des Königreichs am Steuer sitzen. Sie suchen den Konflikt mit den Religionswächtern, wollen provozieren. Werden dann Sharia-Strafen ausgesprochen, nimmt die westliche Presse das gern auf, um das vorherrschende Bild von Saudi-Arabien zu bestätigen. Vom möglichen Berufungsverfahren wird aber nicht mehr berichtet. Auch die wahrscheinliche Begnadigung durch die letzte Instanz – der politischen Führung, also: den König – widerspricht westlicher Weltsicht und bleibt als „Akt der Willkür" unbeachtet. Vielleicht ist das sogar gut so. Moderne Saudis wollen lieber subtile Veränderungen als Straßenschlachten, scheuen die offene Auseinandersetzung mit dem konservativen Religionswächtern. Keinesfalls möchten sie solche Zustände, wie sie im Iran herrschen, provozieren. Das hört sich hoffnungsvoll an. Doch eine Frage, die in der *Arab News* ernstlich diskutiert wird, macht auch den Leser aus dem Westen ratlos: Was tun bei einem Verkehrsunfall? Soll etwa ein Mann einer verletzten, aber nicht zur Familie gehörenden Frau helfen, sie also anfassen? Selbst Sanitäter – Männer – sollen sie nicht anrühren dürfen, wenn kein männlicher „Garant" der Frau vor Ort ist, und sei es nur ein halbwüchsiger Sohn des Unfallopfers oder eben ihr Chauffeur.

Nicht nur bei der ersten Fahrt vom Flughafen Richtung Riad empfinde ich die Straßen als Herausforderung, selbst ohne jeden saudischen Verkehr: Ohne viel Vorwarnung erheben sich kamelhöckerhohe Schwellen als Geschwindigkeitsbremsen. Schnell eingerichtete Umleitungen in den vielen Baustellen können direkt in den Gegenverkehr führen. Tiefe Löcher gehören zur provisorischen Asphaltdecke. Selbst noch im Zentrum.

OASE ODER GEFÄNGNIS

Meinmanns Chauffeur lässt das Auto betont langsam durch die Straßen rollen, umfährt auch Sicherheitsschikanen mit gelassener Routine. An den Rändern der vielspurigen Straße in die Stadt stehen Palmen in langen Reihen, jede in einem Pflanzloch, jede mit einem eigenen Bewässerungsschlauch. Durch diese junge Allee fahren wir zu einer der vielen Wohnanlagen für Ausländer, ein Compound für „Expats". Es sind gut abgesicherte Ghettos für Leute, die zum Arbeiten ins Land gelassen werden. Es gibt luxuriöse und einfache Compounds. Unterschiede lassen sich mit der Herkunft der Ausländer erklären, der Art der Arbeit und Höhe des Gehalts, der Aufenthaltsgenehmigung mit oder ohne Familie. Auf die Wohnburgen der gut bezahlten, westlichen Ausländer wird besonders aufgepasst. Anschläge von Islamisten, wie 2003 geschehen, soll es nicht noch einmal geben können. Auch die Moralpolizei soll draußen bleiben. Dafür sorgen Soldaten. Denn hinter den Mauern leben die Westler ihr gewohntes Leben. Das soll so sein. Schließlich gehört es zur saudischen Normalität, hinter Mauern zu leben. Statt öffentlichem Leben gibt es gut beschützte Privatsphäre.

Nach einiger Zeit in Riad begreife ich die Zufahrt zum Compound als Ritual:

In die Privatstraße einfahren, im Zickzack um rotweiß gestreifte Betonbarrieren kurven, über Reifenkiller rollen. Nach der ersten Betonschikane das Fahrlicht ausschalten, um die wachhabenden Soldaten in ihrem Tarnzelt nicht zu blenden. Vor einer Schranke kurz warten. Innenraumbeleuchtung anknipsen, damit wir gesehen, als bekannt wahrgenommen werden können. Langsam weiterfahren, während die Schranke hinter uns in die Halterung sinkt. Stopp vor der nächsten Schranke. Sie ist überdacht. Zwei Wachmänner vom privaten Sicherheitsdienst kommen aus einer Schutzhütte. Einer salutiert und sieht zu, wie der zweite das Auto mit einem Spiegel am langen Stiel umrundet, um nachzuschauen, ob wir – ungewollt – eine Haftbombe dabei haben. Der Kofferraum wird aufgemacht, wieder geschlossen. Von jedem Wagen, der kommt oder geht, wird hier die Marke und das Kennzeichen notiert. Die nächste Schranke öffnet sich, wir nikken freundlich, fahren eine längere Strecke geradeaus auf einen getarnten Wachturm zu. Kurz davor eine rechtwinkelige Kurve. Gleich nach der Kurve anhalten, wieder kurz warten, bis ein über eine Kamera kontrollierter Betonschieber aus dem Weg rollt. Noch zwei enge Kurven um Schikanen, dann endlich kommt das Torhaus. Drei bewegliche Metallplatten, so hoch wie die Mauer links und rechts. Zwei zum Einfahren, eine zum Hinausfahren. Nochmal Reifenkiller. Dazu eine Tür für Besucher, die ihr Auto auf einem Parkplatz vor der hohen Mauer stehen lassen müssen. Für sie nochmals Gesichtskontrolle, Hinterlegen des Ausweises. Für Bewohner ein Metalltor, das sich über eine Fernsteuerung öffnen lässt. Schräg daneben der dritte Militärposten in einem Tarnzelt. Entlang der hohen, beigen Mauer rund um den Compound, von der ersten Betonbarriere bis zum Torhaus leere Brache. Hinter den lehmfarbenen Mauern: Üppiges Grün. Eben noch überall felsige Platten, Geröll, Lehmbrocken, staubige Erde, alles in Rosabeige bis Vanillegrau – jetzt Dattelpalmen, Büsche, Bäume, Rasen. Von blühender Bougainvillea überwucherte Carports. Vorgärten, Pflanzkübel auf Terrassen und Balkonen.

Ein Compound der üppig ausgestatteten Sorte, eine Oase: Hinter den Mauern ein mit Palmen beschatteter Neun-Loch-Golfplatz einschließlich Wasserhindernis samt Enten. Eine Driving Range, auf der Gazellen umher stöckeln. Dahinter ein Gehege für Hühner, ein Ziegenstall, Platz für zwei Pferde. Vier Stück stromerndes Damwild, das Näpfe leert, die für die vielen Katzen auf den Terrassen bereit stehen. Tennisplatz, kleines Amphitheater, Football-Gelände. Fitness-Maschinen, Kindergarten, Swimming Pools, kleiner Supermarkt, Reinigung, Restaurant, Friseur und Juwelier. Wenn etwas fehlt: Zweimal täglich fährt ein kleiner Bus für die Frauen aus dem Compound zu wechselnden Einkaufszielen in der Stadt. Zu französischen und amerikanischen Supermärkten, zu mehrstöckigen Malls mit internationaler Mode, Schmuck und Elektronik. Zu Buchläden, Gartencentern. Zu verschiedenen traditionellen Souks. Zu Ikea.

Mein dritter Tag in Riad, nein, besser im Compound. Die Idee, mich mit dem Einkaufs-Bus zum angesagten Souk am Uhrenturm kutschen zu lassen, habe ich schon am Vorabend geknickt. Das Ziel sei so saudi-arabisch, dass es sich für eine Frau ohne Begleitung verbietet, an den Geschäften dort vorbei zu bummeln. Das rät mir eine amerikanische Nachbarin und hat mich stattdessen zu landeskundlicher Nachhilfe eingeladen. Bei Eistee – „unsweetend" – am großen Pool höre ich dann: „Beim Uhrenturm fanden die Exekutionen statt, die Moralpolizei hat dort ihr Hauptquartier." Ich sitze in einem Korbsessel, schaue auf das Geplansche im blauen Wasser. Es ist September, noch immer heiß. Mittags über 40°C. „Den großen Platz davor nennen wir deshalb „Chop-Chop-Square", sagt Mary. Es klingt so, als sollte ich das komisch finden. Mein „Immer noch?" überhört sie, beantwortet dafür meine Frage nach den Dingen, die im Souk am Uhrenturm angeboten werden. In den vielen kleinen Läden in den Arkaden um den Platz, höre ich dann, soll es viel Schmuck geben. „Teppiche werden manchmal frei ab Eselsrücken verkauft. Kaschmirschals gibt es. Prächtige, sehr teure Stücke. Dicke, fellgefütterte Mäntel für kalte Wüstennächte. Krummdolche. Die werden hier von vielen als Andenken gekauft, als Brieföffner verschenkt. Es gibt gebrauchte Kamelsättel. Alte, wunderschön bemalte Holztüren. Hennaboxen. Und viel Oud." „Oud?", frage ich. „Ja. Kleine Holzstückchen. Duftholz. Die Saudis geben viel Geld dafür aus." Die Gassen im Souk seien eng, warnt Mary, verwunden, ein Irrgarten, aus dem Mann vielleicht herausfindet, in dem Frau allein aber mit Schwierigkeiten rechnen sollte. Eine Gegend, in der von vornherein zur Abaya der Schal über die Haare gelegt werden sollte. „Wie sehen diese Moralpolizsten eigentlich aus?", will ich wissen. „Die? Die tragen meist dreiviertellange, weite, weiße Hosen. Immer viel Bart. Auf dem Kopf häufig nur so ein weißes Käppi, jedenfalls keine schwarze Kordel auf dem rotweißen Kopftuch. Sie sind meist zu zweit unterwegs. Seit einiger Zeit meist in Begleitung eines normalen Polizisten. Also drei Männer, einer in Uniform, zwei in sehr traditionellen Gewändern. Der König wollte das so und hat so die berüchtigte Willkür der Mutawah etwas eingeschränkt." „Mutawah?" „Mutawah. Die Moralpolizei. Offiziell die 'Kommission zur Förderung der Tugend und Verhinderung des Lasters'." Mary grinst breit, bevor sie weiter erklärt: „Manche sind halbwegs freundlich, wenn sie jemanden dazu auffordern, die Haare zu bedecken. Andere brüllen und schimpfen. Es gibt da manche Geschichte." „Ach ja?"

„Eine Freundin von mir will nie mehr nach Riad kommen. Ihr Mann sitzt jetzt allein hier. Bei einem Einkauf im Supermarkt hat sie sich über eine Tiefkühltruhe gelehnt und irgendetwas heraus geangelt. Dabei sind ihr die Haare nach vorne gefallen. Und da bekam sie von so einem selbsternannten Religionswächter einen Hieb über den Rücken. Mit einem dünnen Stock." Mein Gegenüber lächelt mich an, als gehöre das zum Alltag. „Es ist ohnehin besser, erst im Winter in die Souks zu gehen. Denn zwei Stunden schwarz verhüllt in der Hitze rumlaufen – das macht keinen Spaß."

Bange machen gilt nicht, denke ich. Also muss ich irgendwas im Schatten unternehmen. Dienstags soll das Nationalmuseum für Frauen offen sein. Meine Idee: Ich buche Fahrer plus Auto, lasse mich zum Museum bringen und wieder abholen. Und schon höre ich, es sei besser, den Fahrer vor Ort warten zu lassen. Es könnte passieren, dass kurzfristig Frauen im Museum unerwünscht sind. Dann dürfte ich nicht ohne Fahrer dastehen. Am besten, nicht allein ins Museum fahren, besser mit einer Gruppe Frauen oder mit einem Mann an der Seite. „Es ist das Schwierigste, sich daran zu gewöhnen, nirgendwo spontan allein hinfahren zu können". Mary macht mir keinen Mut. Denn, wie gesagt, Frau allein unterwegs geht nicht. Frau geht nur als „Family", sei es im Restaurant oder im Museum. In den Zoo darf Frau mit Kindern oder Mann mit Kindern, aber nicht als „Family". Frau allein ist selbst für den Zoo nicht vorgesehen. So steht es im aktuellen Riad-Führer, den Meinmann in einem der wenigen, dafür großen Buchläden entdeckt hat. Dort lese ich auch, warum ich so lange auf mein erstes Besuchervisum hatte warten müssen. Bevor sich die Saudis den Papierkram mit nachziehender oder besuchender Familie antun, wollen sie sicher sein, dass der – mit welcher Qualifikation auch immer – gastarbeitende Mann drei Monate ohne Tadel überstanden hat.

Ob ich Bridge spiele, fragt Mary mit tröstendem Unterton. Oder Mah-Jong? Oder wenigstens Domino? Es soll wohl aufmuntern, Perspektive bieten für etwas Geselligkeit.

Ist das nun eine Oase oder ein Gefängnis? Der Singsang des Muezzins von der nächsten Moschee wabert über das Gelände des Compounds, gleichzeitig dudelt in der Bar die erste Weihnachtsmelodie. Dazu das Getöse der Wasser verdampfenden Ventilatoren. Ich schlappe langsam zurück in unsere Wohnung, vorbei am kleinen, tiefen Pool mit Wasserfall. Auf dem Weg rucken zierliche, hellbraune Tauben über den staubigen Asphalt. Datteln fallen von den Palmen, wie bei uns die Kastanien, werden genauso platt gefahren, hinterlassen braune, runde Flecken auf den Ringstraßen, die durch die Wohnanlage führen. In den auf 28 Grad herunter gekühlten Zimmern fange ich sofort an, heftig zu schwitzen: Der Körper braucht ein, zwei Minuten, um von der bei großer Hitze notwendigen Eigenkühlung durch Verdunsten zurück auf Normalbetrieb zu schalten.

VON DATTELN, STÖCKEN UND „STRANDGUT"

Tatsächlich eine Entdeckung: Datteln. Beim ersten Ausflug in einen Supermarkt, nicht allein natürlich, mit Meinmann, sehe ich, wie groß die Auswahl ist. Es gibt unglaublich viele Sorten. So wie bei uns Äpfel. Dazu noch verschiedene Zubereitungsarten. In Honig und Sesam gewälzt, mit Schwarzkümmel bestreut, gefüllt mit Mandeln, Walnüssen oder Orangenschale. Es gibt glatthäutige Datteln und schrumpelige, schwarze, braune, karamellhelle mit sahneweißen Kappen. Es gibt weiche, klebrige, zuckrig-krosse. Es gibt Sorten, die gleich nach der Ernte im September am besten schmecken, und solche, die sich länger halten. Die Aromen sollen von Butterkeks über Nougat und Karamell bis Pflaumentorte und Marzipan reichen. 23 Sorten gelten als „die wichtigsten" in Arabien. Nach einigem Probieren können wir nach Lieblingssorten suchen. Khudri gern mit Mandeln, Sawafi oder Seghie jederzeit, Sukary gern zum trüben, hellen arabischen Kaffee – manchmal. Auf keinen Fall trinken wir diesen Kaffee ohne Datteln.

Noch etwas hilflos angesichts der großen Auswahl entdecke ich schmale, dunkelblaue, mit goldener Schrift verzierten Schachteln. Schwarze Datteln aus Medina. Sie sind mit gemahlenen Pistazien und Kardamon gefüllt. Auf der Verpackung fasziniert mich ein in Arabisch und Englisch klein gedruckter Text. Demnach sind Datteln unglaublich gesund. Denn da steht, dass

Datteln gegen Herzschwäche helfen, gegen Darmkrebs und Leberentzündungen, gegen Osteoporose, Nachtblindheit, Verdauungsbeschwerden. Sie steigern die Libido und erleichtern Geburten. Kaum zurück aus dem Supermarkt, einem französischen Handelsunternehmen, demzufolge mit einer langen Theke für europäischen Käse, lese ich nach: Tatsächlich – Datteln sind ungewöhnlich reich an Mineral- und Faserstoffen, an Protein und Kohlenhydraten. Sie enthalten viel Kalium, aber auch Kalzium, Magnesium, Eisen, Kupfer, Zink und Mangan. Ein Wundermittel, mehr noch ein Wunderbaum: In Saudi-Arabien gilt die Dattelpalme als Synonym für das Leben schlechthin. Und sie steht auch für Freigiebigkeit, Nächstenliebe, Gastfreundschaft. In einer Sure des Koran wird die Dattelpalme über alle anderen Pflanzen gestellt, sozusagen die Krone der Botanik. Auch Mohammed, p.b.u.h., empfiehlt Datteln. p.b.u.h? Wenn in der Zeitung, sei es die *Arab News* oder die *Saudi Gazette*, vom Begründer des Islam die Rede ist, dann immer mit dem Zusatz „peace be upon him" oder nur kurz „p.b.u.h.". Ich habe das so oft gelesen, dass ich den Zusatz inzwischen sofort dazu denke. Erfolgreiche Gehirnwäsche oder praktische Unterscheidung angesichts des gebräuchlichen Vornamens?

Für die Zeit des Ramadan rät Mohammd, p.b.u.h. , am Abend mit Datteln das Fasten zu brechen. Es ist heute wohl bestenfalls der allererste Hunger, der so gestillt wird. Während der Fastenzeit wird nachts häufig so unvernünftig weiter gegessen, dass viele Saudis nach dem Ramadan ein paar Kilo mehr auf den Hüften haben. Die nächtlichen Gelage, vor allem aber der Verzicht auf Wasser während der Fastenstunden am Tage, spotten jeder physiologischen Erkenntnis der modernen Medizin. Die islamischen Religionswächter jedoch pflegen Ignoranz. Althergebrachtes ist ihnen wichtiger als naturwissenschaftlicher Durchblick. Mit dieser Haltung verhindern sie viel Fortschritt und sie fühlen sich offenbar gut dabei. Ergebnisse nachprüfbarer Forschung werden dem Verständnis von Gesellschaft angepasst. Wie im Mittelalter: Die Erde ist eine Scheibe und steht im Mittelpunkt des Himmels. Weiterdenken verboten. Das nutzt sicher einer Gruppe religiös beschränkter, selbstgerechter, machtgeiler Männer. Sie verbieten einfach die Frage, warum Allah den Menschen mit Hirn ausgestattet hat, das deutlich mehr leisten kann, als Suren auswendig lernen. Und warum nur hat dieser angeblich einzige Gott – kein Gott außer Gott – den Fehler begangen, auch Frauen mit Intelligenz auszustatten?

In Saudi-Arabien geht es auch anders: Im fast schon als liberal zu bezeichnenden Jeddah begegnete mir eine Endzwanzigerin, die nicht nur ihr Gesicht zeigte, sondern auch ihre Haare offen trug. Asmaa sprach von einem Islam, der das Denken verlangt und nicht verbietet. Mit Traditionalisten mochte sie nichts gemein haben. Unmöglich für sie, in Riad zu leben. Beim gemeinsamen Gang durch den zentralen Souk von Jeddah erregten wir einiges Aufsehen: Zwei Frauen, die zwar die schwarze Abaya trugen, aber Gesicht und Haare zeigten. Gegen die aufdringlichen wie die missbilligenden Blicke half nicht einmal die Anwesenheit unserer Männer, beide sichtbar groß, wachsam, in unserer Nähe. Wir schlenderten vorbei an hohen Stapeln von vielfarbigen Stoffen und Pashmina Schals, vorbei an Goldschmuck, Goldschmuck und abermals Goldschmuck, an bunten, geflochtenen Schalen, an Töpfen für Großfamilien, an frisch aufgespaltenen, rosarot glänzenden Wassermelonen. Während des Zeigens und Schauens sprachen wir über den Sinn und Unsinn von religiösen Vorschriften. Manche alte Regel verliert mit der Zeit ihren Inhalt, sagte ich und erzählte, dass es noch bis vor einigen Jahren in Deutschland verpönt gewesen sei, eine gekochte Kartoffel mit dem Messer zu zerschneiden. Den Grund dafür kannten indes viele gar nicht: Messer hatten vor hundert Jahren keine rostfreien Klingen, und das Metall der Schneide verdarb den Geschmack der Knollen. Die Benimm-Regel hielt sich, wurde Konvention für die sogenannte bessere Gesellschaft und galt, als es längst rostfreie Messer gab, noch lange weiter, ohne hinterfragt zu werden. Mit Austern oder Schweinefleisch ist es eigentlich ganz ähnlich. Zu Zeiten Mohammeds, p.b.u.h. , war es ausgesprochen klug, vom Verzehr dieser leicht verderblichen Lebensmittel abzuraten. Heute, mit Kühlketten, mit moderner Lebensmittelhygiene, gibt es keine objektiven Gründe mehr, von ihrem Genuss abzuraten. Aber inzwischen ist das ehemals lebenskluge Gebot religiös überhöht. Es in Frage stellen, überprüfen? Unmöglich, denn es geht darum, ein Gruppengefühl zu pflegen und zu bewahren. Ähnliches gilt für die weiten Kleiderhüllen, die wehend Luft zufächeln, genauso wie für Schleiertücher als Schutz von Haut und Haar vor der heißen Sonne und dem lehmstaubigen Wind. Ich weiß, wovon ich rede: Nach wenigen Stunden auf einem saudischen Golfplatz lag auf meinem Gesicht eine sandpapierfeine Schicht aus Salz und feinstem Sand. Mit Sonnenschutzcreme darunter extradick. Wenn da die nächste Möglichkeit, den Dreck mit reichlich Wasser abzuspülen, länger auf sich warten ließe, ohne Dusche in Reichweite, einfach so unterwegs in der Wüste, würde auch ich mein Gesicht zuhängen. Aber deshalb in einem klimatisierten Einkaufszentrum das Frozen Joghurt hinter einer leicht angehobenen Nikab in den Mund schieben müssen? „Das war auch schon mal anders, besser", meinte Asmaa, meine Begleiterin. „Jedenfalls erzählen das meine Eltern. Diese Vorschriften aus dem konservativen Riad mögen sie auch nicht. Nach außen allerdings haben sie sich damit abgefunden."

Unser Weg über den alten Markt von Jeddah führte uns irgendwann an einem ganz in weiße Kleider eingewickelten, hageren, alten Mann vorbei. Er lagerte an einer breiteren Stelle der Straße auf einer Palmstrohmatte. Die Beine seitlich lang ausgestreckt, den Kopf auf einen angewinkelten Arm gestützt. Weißer Stoppelbart auf wetterbrauner Haut, lange Falten um die Nase, weiße Häkel-Taqiyha auf dem kahlen Schädel. Um sich herum hatte er unterschiedlich hohe Blechgefäße aufgestellt. Darin steckten dicke, lange Holzknuten und kürzere, sehr dünne Stöcke mit rund gebogenem Griff. Alles in allem sehr pittoresk. Die langen, polierten Stecken sahen aus wie Knotenstöcke zum Wandern in den Alpen. Die kleinen, dünnen hatte ich schon verschiedentlich gesehen und wollte endlich wissen, wozu es sie gibt. Vielleicht als eine Art Gerte für Kamele? Ich fragte Asmaa.

Sie wusste keine Antwort und erklärte meine Frage ihrem Mann. Khalid, Anfang dreißig, muskulös, in Jeans und T-Shirt, zuckte mit den Schultern und beugte sich hinunter zu dem Stockhändler.

Der Alte schaute kurz auf, sah uns an, fuchtelte mit den Armen in unsere Richtung, schimpfte auf Arabisch. Khalid richtete sich auf, verzog verlegen das Gesicht: „Er meint, die dünnen Stöcke seien gut, um Frauen wie Euch zu schlagen. Frauen, die ihre Haare zeigen." Nur kurz perplex, kam meine Reaktion. „Dann sind die dicken Knüppel wohl gut dazu, sich gegen solche Männer zu wehren." Khalid grinste und beugte sich nochmal zu dem Alten hinunter, sagte etwas. Mich traf ein sehr feindlicher Blick.

Wir gingen weiter durch den Souk. Aber nach dem Gespräch über die Stöcke dauerte es nicht lange, bis sich Asmaa ein Gummiband besorgte und ihre langen Haare zu einem Knoten im Nacken bündelte. Einen Schal legte sie nicht darüber, und ob sie überhaupt einen dabei hatte, weiß ich nicht. Auch so begleiteten uns die neugierig-anzüglichen Blicke der vielen Männer weiter.

Nach diesem Nachmittag auf dem Markt fragten uns die beiden jungen Saudis, ob wir – ein an die dreißig Jahre älteres Paar aus Deutschland – Lust hätten, mit ihnen Essen zu gehen. Was für ein Glück: Sie führten uns in eine Beize nahe am Meer, die wir uns in Riad nicht haben vorstellen können. Das arabische Äquivalent einer Gartenwirtschaft. Ein großer, offener Raum, der in eine Terrasse übergeht. Das Getöse vieler Leute. Große quadratische Tische, rundherum Polsterbänke, bezogen mit rot-schwarzgemustertem Webteppich. Zwischen den Tischen keine Trennwände. Nur an der Grenze zur Straße hohe Hecken. Kein verschleiertes Gesicht. Ein fröhliches Gemisch aus Freunden und Familien. Über allem der süßliche Qualm von Shishas. Auf den Tischen jede Menge Mezze, große Schüsseln voller Reis mit gebratenem Lamm oder Huhn, gegrilltes Gemüse, dazu Wasser, Saft oder Bier, fraglos alkoholfrei. Auf Wunsch auch Arabischer Kaffee in feuerfesten Metallkannen.

Unser Tisch war viel zu groß für uns vier, das Essen sehr reichlich. Freunde von Asmaa und Khalid, die in der Nähe wohnen, leisteten uns nach einem Anruf bald Gesellschaft. Wir sprachen unter dem offenen Nachthimmel über die Schwierigkeiten, das Land in die Moderne zu führen. Über Gebräuche, über Kunst, Architektur und Landwirtschaft, über Amerikaner und Afghanistan, über die Bagdad-Bahn und Lawrence von Arabien, den Konflikt zwischen den Mittelmächten Iran und Saudi-Arabien, zwischen Schiiten und Sunniten. Und wieder zogen wir Vergleiche, ob sie passten oder nicht, um besser verstehen zu können: Vor der

Aufklärung gab es in Europa einen Religionskrieg, dreißig Jahre lang. Was uns mittelalterlich erscheint, gehörte hier noch im Zwanzigsten Jahrhundert zum schlichten Alltag. Der Übergang in eine moderne Zeit gelingt nicht in jeder Familie. Und am Ende des Abends versicherten uns unsere Begleiter, solche Gespräche könne man in Saudi-Arabien einzig und allein in Jeddah führen. Offenheit und Gastfreundschaft gehörten zum Leben in der alten Hafenstadt, in die mit den Schiffen schon immer Fremde kamen und manchmal blieben. Daran könne das junge Königreich mit seiner religiösen Rigorosität kaum etwas ändern. „Wir sind eben ‚angespültes Strandgut'", sagte einer von Khalids Freunden lächelnd. „Jedenfalls nennen sie uns in Riad so."

Die Erinnerung an diesen Abend in Jeddah leuchtet nach. Nach zwei Jahren im Land, in denen ich versuchte, möglichst viel über Geschichte und Politik, über Landschaften und Lebensart zu erfahren. Bemüht, die Regeln des Gastlands zu respektieren, ohne die eigene Herkunft zu verleugnen. Zögerlich entwickelten sich Kontakte. Schließlich genügten ein paar kurze E-Mails, um Asmaa und Khalid zu treffen. Ein glitzernder Stern in der südlich frühen, noch hellen Abenddämmerung über schon schwarzen Bergzacken, der immer noch bezaubert.

ÜBERLEBENSKULTUR

Mit dem Entdecken der Dattelsorten hatte es angefangen. Erst im Supermarkt. Dann in einem Geschäft für Dattel-Delikatessen in Riad auf der King Fahd Road in der Nähe des alles überragenden Kingdom Tower. Auf jedem Flug nach Europa nahm ich Datteln mit. Mehr und mehr, denn wie gut die Datteln aus Saudi-Arabien schmecken, hatte sich in unserem Freundeskreis rasch herumgesprochen. Dem Dank für das Mitgebrachte folgten regelmäßig Nachfragen. Wie es sich denn so lebe im verschleierten Königreich.

„Saudi-Arabien? Das ist schwierig."

Mit diesem Satz beenden selbst auf den Mittleren Osten spezialisierte Journalisten das öffentliche Gespräch. Und es ist schwierig. Was kann, was darf man erzählen? Gefahrlos für Ausländer, die dort trotz Alkoholverbot Traubensaft vergären und Bier brauen. Für Saudis, die sich trotz Geschlechtertrennung heimlich gemischt treffen, um Musik zu machen, Filme aus Europa zu sehen, Gedichte vorzutragen. Für Beduinen, die Ausländern auf Wüstentour Kamelmilch anbieten und – für einige Rial als Dank – Fotos erlauben. Es stört sie nicht, dass Ausländerinnen in der Wüste die Abaya im Auto lassen. Und wenn das Motiv gewünscht wird, dann nehmen sie auch eine fremde Frau einfach auf den Arm und heben sie auf ein in die Knie gezwungenes, böse fauchendes Reittier.

Ohne Hintergedanken lässt sich jedenfalls notieren, dass Mohammed, p.b.u.h., mit dem Lob der Dattel völlig Recht hatte: Die Früchte der hohen Palmen eignen sich nicht nur bestens als vollwertige Notfallnahrung in der Wüste. Aus den Blättern der Palmwedel lassen sich Körbe, Teppiche, Hüte flechten. Oder Siebe, auf die Datteln gekippt werden, durch die, ausgepresst vom Gewicht der aufgetürmten Früchte, der Dattelhonig fließt. Für Süßspeisen und Gebäck. Die dicken Stämme und die festen Stiele der Wedel eignen sich zum Bau von Hütten und Lehmhäusern. Ganz junge Blattsprossen sind als Zahnstocher zu gebrauchen. Sogar die Dattelkerne haben noch einen Wert als Tierfutter. Palmen wachsen millionenfach in den großen Oasen. Etwa in der Gegend des weltweit wohl größten und vermutlich ältesten Dattelmarkts, in Buraidah, 300 km nördlich von Riad. Dort allein stehen fünf Millionen Dattelpalmen. In der Oase Hofuf, zwischen Riad und den Emiraten, sind es an die drei Millionen Bäume. Je nach Sorte und erzielbarem Preis werden die honiggelben Traubenbüschel als Ganzes aus den Kronen geholt oder die Früchte werden einzeln, Stück für Stück gepflückt, wenn sie reif sind. Wenigstens 800 000 Tonnen dürften jährlich geerntet werden. Bevor Erdöl auf der Arabischen Halbinsel gefunden wurde, waren Datteln der wichtigste Exportartikel. Die Palme, die in der Mitte des saudi-arabischen Staatswappens prangt, steht für eine sehr alte Überlebenskultur.

Der vierte Tag in Riad. Lieber Mann, richtiger: liebe Frau, ist das hier langweilig! Immerhin ist Nachrichtenlesen online möglich, allerdings in dem Bewusstsein, dass ich, wenn ich wollte, eben nicht zum nächsten McDrive fahren kann, um mir mal einen Burger zu holen – das mache ich Zuhause zwar auch nie, aber ich könnte. Der Radioempfang lässt sich noch optimieren, die TV-Auswahl auf dem großen Flatscreen jedoch nicht ändern. Der Lektürevorrat ist begrenzt. Also das „süße Nichtstun" ausprobieren: Um acht Uhr Golfspielen mit einer neuen Bekannten aus der eingezäunten Nachbarschaft. Zwischen den Schlägen versuche ich, mehr über den Alltag hier zu erfahren. Wie funktioniert weiblicher Zeitvertreib unter den saudischen Randbedingungen? Gibt es kein Büchlein mit Adressen, Tipps und Tricks, sondern wirklich nur Mund-zu-Mund-Informationen? Kopfschüttelnd holt meine Mitspielerin ihren Ball aus einem Loch. Nein, nein. Nichts aufschreiben. An sich eine gute Idee, aber nicht hier. Die besten Tipps sollten wirklich nicht in falsche, soll wohl heißen: saudische Hände gelangen.

Danach an der Pool-Bar wieder Eistee. Die Philippinos, die das Restaurant betreiben, kennen die Vorlieben ihrer regelmäßigen Gäste. „Ice Tea, unsweetend?" – „Unsweetend!"

Mütter mit mehreren kleinen Kindern kommen hier gut zurecht, freuen sich über das Umfeld, das an Betreutes Wohnen erinnert. Der billige Service wird geschätzt, vom Fahrer über die Putzfrauen bis hin zu den Gärtnern, die mit trockenen Palmwedeln Straßen und Wege kehren. Auch Fitness-Freaks können sich mit den Lebensbedingungen arrangieren. Sie hetzen mit dem Rennrad um den Golfplatz, kämpfen sich anschließend an Kraftmaschinen müde. Andere versuchen sich intellektuell zu fordern, online, mit einem MBA-Studiengang an einer Fernuniversität. Wenige arbeiten in Botschaftsschulen oder bieten innerhalb der Ausländergemeinde gesundheitliche Dienstleistungen an. Alles Frauen, die ihren Männern nach Saudi-Arabien gefolgt sind. Aber sie sind die Ausnahmen. Denn vielfach kommen die Chemiker, Ingenieure, die Sicherheitsspezialisten und Logistiker, die Banker und Rechtsanwälte aus den westlichen Ländern ohne familiäre Begleitung. Weil an Gleichberechtigung gewöhnte Frauen das Leben hier rundweg ablehnen, oder es nur zeitweise und aus Abenteuerlust akzeptieren, so wie ich. Und auch, weil Teenager mit dem saudischen Leben nur klar kommen, wenn sie nichts anderes kennen. Was umgekehrt bedeutet, dass Kinder, die in der behüteten Welt des Compounds groß werden, nicht lernen, sich außerhalb dieser Ghettos zurechtzufinden. Welche Väter, welche Eltern wollen das?

In der *Saudi Gazette* war die Geschichte einer Engländerin nachzulesen, die Saudi-Arabien erst zum Studium verließ. Nach einiger Zeit an einer britischen Universität wünschte sie sich nichts sehnlicher, als wieder in die übersichtliche Umgebung ihrer Kindheit zurückzukehren. Die Saudis lasen das als Bestätigung für ihre Lebensform. Dabei hatte sich eigentlich nichts weiter als ein Phänomen gezeigt, das auch bei Tieren beobachtet werden kann, die in Gefangenschaft groß gezogen werden: Auswildern ist schwierig. Denn Freiheit bedeutet ständige Herausforderung. Das muss man mögen. Das muss man Üben. Im Käfig lebt es sich bequemer. Also ein Platscher, mein erster, in den tiefen, kühlen Pool direkt vorm Haus. Erst Wohlgefühl, dann Unternehmungslust. Wohin damit? Warten auf Meinmann.

Libanesisch Essen gehen, nein fahren, mit Chauffeur. Im Auto warten wir vor dem Restaurant, bis die Tür nach dem Abendgebet aufgeht. Wir werden in die „Family Section" gewunken. Männer ohne weibliche Begleitung haben hier keinen Zutritt. Für sie gibt es die „Single Section". Hohe hölzerne Paravents separieren die Tische. Durch einen Spalt, den die Kellner zum Servieren kurz öffnen, sehen wir andere Gäste, die an unserem Séparée vorbeikommen. Sie in gesichtslos Schwarz, er bärtig und in Weiß, dazu drei modisch bunt gekleidete Kinder. Wir hören sie den ganzen Abend, ohne sie zu sehen.

Zum Essen bestellen wir alkoholfreies Bier. Immer kommt es aus der Büchse, immer und überall gibt es norddeutsches Holsten oder Budweiser aus USA. Dass ich Bier trinke, scheint den Service zu amüsieren. Nach dem süßen Nachtisch, einer Art Bienenstich, aber ohne Mandelblattdecke, dafür mit blumig aromatisiertem Zuckersirup übergossen, verlangt es uns nach türkischem Kaffee. Leider verströmt er das muffige Aroma des Wassers, das hier aus den Leitungen fließt. Allein deshalb wäre ein Cognac oder ein Eau de Vie nach diesem Essen sehr willkommen gewesen.

Das Beste zum Tagesschluss: Die Fahrt durch die nächtliche Stadt, mit den vielen beleuchteten Hochhaus-Baustellen, den gleißend hellen Schaufenstern. Erst Mode, stadtauswärts dann Lampen, Teppiche, Sanitärarmaturen, Reinigungen mit langen Reihen strahlend weißer Männergewänder, Autoreifen, Imbisse. Schließlich nur dunkle Wohnstraßen, dazwischen schmale, hohe, eckige Minarette, in geisterbahngrünlichem Licht. Aus der nächtlichen Stadt wächst der Kingdom Tower hoch empor. Seine Silhouette schwebt ein wenig glitzernd in der Dunkelheit, gekrönt von einem kelchförmigen Himmelsausschnitt in einem sanft leuchtenden Rahmen. Für mich ein unfassbares Gesicht, umhüllt von einem weißen Tuch, eine doppelte Kordel über der Stirn.

Am nächsten Morgen wartete ich erstmals schwarz zugeknöpft am Rande des Rundwegs, der durch den Compound führt, auf den Shopping-Bus. Im Schatten von Bäumen, natürlich. Nein, überhaupt nicht natürlich, sondern überaus privilegiert: Schatten. Von Bäumen!

Die Riyadh-Mall stand als Einkaufsziel auf dem Programm. Ein Achtsitzer sammelte mich auf, fuhr mich die Straßen entlang, von denen ich am Abend zuvor kaum etwas gesehen hatte: Reihenhäuser mit schmalen, hohen Fenstern, manchmal mit spitz zulaufenden Bögen. Wie Pueblos gestapelte Kästen. Sichtbare Wassertanks auf den Flachdächern sprechen für einfachere Verhältnisse, signalisieren so was wie sozialen Wohnungsbau. Dann Häuser mit Säulen, Balkonen, Erkern, Giebeln. Mal griechischer Tempel, mal französisches Barock-Palais, mal indischer Palast, mal Nobelmoderne, mal historisierend-arabisches Geschnörkel. Heller, steiniger Abraum liegt in Haufen direkt neben den Mauern um fertige Prachtbauten. Palmkronen hinter hohen Einfriedungen lassen beschützt versteckte Gärten vermuten. Weiter stadteinwärts, entlang der Straße, die aufgereihten Läden, breit wie ein oder zwei Garagen, jetzt, vormittags, nur dunkle Glasfronten, davor Scherengitter. Am Straßenrand Palmen, schwarze Bewässerungsschläuche, zugestaubt mit beigeroter Erde, dazwischen Rollrasen und Bougainvillea.

Über fünf Millionen Menschen leben in Riad, und es werden immer mehr. Vor 80 Jahren waren es nur ein paar zehntausend, die in kühlen Lehmhäusern wohnten, mit Windtürmen und halbrunden Zinnen um die Flachdächer. Ihre Höhe galt lange Zeit als Obergrenze für neue Häuser. In den Außenbezirken darf jetzt vom tradierten Stadtbild abweichend gebaut werden. Allenthalben sieht man Geröllhalden aus hellen Steinbrocken, Raupenbagger, Gerüste um Rohbauten aus Stein, Kräne, stählerne Hochhausskelette. Baustellen für Einkaufszentren, Moscheen, Universitäten, Kliniken, Banken, Wohnareale.

Endlich in der Mall. Gegen zehn Uhr öffnen allmählich die ersten, kleineren Geschäfte. Kleider, Kosmetik, Handtaschen, Schuhe, Schmuck, Kleider. Alle international bekannten Marken, Boutiquenketten. In den Schaufenstern nur Hochaktuelles, auch das für den Winter angesagte Fellwestchen zu Jeans mit hohen Stiefeln. Vor allem aber Abendkleider. Von europäischer Prêt-à-Porter-Couture bis zu orientalischen Märchengewändern: farbig, lang, aufregend dekolletiert. In jedem Fall auffällig und niemals Schwarz. Unvergesslich ein Kleid, das aussah, wie wundervoll zerknülltes, kunterbunt glänzendes Bonbonpapier. Von Asmaa lernte ich Monate später, dass die Abendroben als Kompensation für das Tragen der Abaya im Alltag gekauft werden. Jede Party wird zum großen Fest stilisiert. Und gefeiert wird so oft wie irgend möglich.

Ganz Feines, Handgenähtes gibt es in Geschäften, in die Männer nicht eingelassen werden. Auch in manchen Einkaufszentren gibt es exklusive, allein den Frauen vorbehaltene Bereiche. Dort heißt es dann, Schleier abnehmen, damit sich kein Mann einschleichen kann. Wieder Mode und Kosmetik weltbekannter Marken, Friseure, Maniküre, kleine Cafés, Fitness Center. In diesen Geschäften arbeiten ausnahmsweise Frauen. Saudis sollen nicht darunter sein. Die Verkäuferinnen kommen überwiegend aus dem östlichen Mittelmeerraum. Ansonsten findet man in den Läden, und das ist für Europäer doch sehr ungewohnt, als Verkaufspersonal nur junge bis mittelalte Männer. Das dürfte sich in den kommenden Jahren langsam ändern: Seit Beginn 2012 dürfen sich auch saudischen Frauen für das Verkaufen ausbilden zu lassen, – vorzugsweise für Dessous. Denn selbst hier bedienten bislang nur Männer. Bizarr. Noch etwas Ungewohntes: Keine Umkleidekabinen. Man kauft, probiert zu Hause, bringt zurück.

In den neu gebauten Einkaufszentren gibt es inzwischen neben den Gebetsräumen für Frauen nicht nur Toiletten, sondern auch Kabinen mit Kleiderhaken, Hocker und Spiegel, so dass zumindest der Weg nach Hause überflüssig wird. Dazu verspiegelte Vorräume, wo Freundinnen oder Mütter warten, beim Probieren raten, helfen. Frau allein ist also auch unpraktisch.

Ich suche weder Abendkleid noch Dessous, sondern nach einer zweiten Abaya. Die eine, die ich trage, möchte ich wechseln, waschen können. Mit Beruhigung sehe ich, dass Nichtmusliminnen wie ich – egal von welchem Kontinent – das lange Gewand so tragen, dass Schuhe zu sehen sind, manchmal Rocksäume oder Ränder ausgefranster Jeans. Mit meinem allseits sichtbaren Haar, zum Pferdeschwanz gebündelt, bin ich nicht allein, entspreche aber nicht der Norm. Die allermeisten Frauen, die mir an dem Morgen begegnen, sind völlig verhüllt. Der Stoff schleift auf dem Boden, vom Gesicht bleiben nur die Augen sichtbar. Manche tragen vor der Nikab noch einen dünnen Schleier, außerdem schwarze Handschuhe. Trotzdem fällt es mir schwer, ein Geschäft mit entsprechend finsterer Auswahl zu finden. Endlich stehe ich vor einer langen Reihe schwarzer Umhänge, suche nach Varianten. Es gibt sie mit und ohne glitzernde Litzen, farbige Kanten, mit weiten und schmalen, mitunter farbig gefütterten Ärmeln, mit eckigen und runden Halsausschnitten. In Stoffqualitäten von kunstfaserbillig bis seidenteuer. Nie mit Knöpfen, nie mit Taschen. Die üblichen Druckknöpfe als Verschluss fand ich anfangs seltsam simpel, sehr bald aber äußerst sinnvoll: Denn wenn ich über den Stoff stolperte, gab der Druckknopf nach. Ein fester Knopf hätte mich zu Fall gebracht oder das Knopfloch zerrissen. Alle Abayas immer glatt fließend, in Längen und einer Stofffülle, dass darunter eigentlich nichts mehr getragen werden müsste. Mit diesen Gedanken entdecke ich etwas völlig Unvermutetes: Ein Ausstellungstück, eine Abaya, so über eine ansonsten unbekleidete schwarze Schaufensterpuppe drapiert, dass sich eine wohlgeformte Brust und ein schönes Bein dem Betrachter entgegen recken. Das, obwohl jede, die ich frage, beteuert, unter der Abaya würden höchst modische Kleider getragen. Vielleicht doch nicht immer? Vielleicht nicht zum Einkaufen? Ich jedenfalls wäre nach anderthalb Stunden Ladenbummel den schwarzen Mantel gern wieder los. Die eigene Körperwärme staut sich unter dem Umhang, unter dem ich normal, also vermutlich zu warm, angezogen bin. Doch ich habe noch Zeit, bevor der Bus mich wieder abholt.

Eine Rolltreppe führt zum „Food Court". Es riecht nach Ketchup und Bratfett. Schnelles Essen auf Amerikanisch, Arabisch, Asiatisch. Plastikstühle, Plastiktische, dazwischen leicht verstellbare Paravents für improvisierte Privatheit. Große Fenster erlauben mir einen Blick über die Stadt, auf die nächste Moschee. Erstaunlich, wie wenig Minarette das Stadtbild prägen. Dominant sind die Baukräne in der diesigen Luft. Das hatte ich anders erwartet. Die Zeigefinger zum Himmel entdecke ich erst, als ich danach suche. Es sind viele. Meist eckig, immer dünn, hoch. Vom Schmuck mit Ornamenten aus farbiger Keramik oder Gold, mit einem Kranz aus Zinnen ist im Dunst nichts zu erkennen. Zwei runde Türme erinnern mich an Raketen.

Die Luft auf der anderen Seite des Fensters wirkt an diesem Tag gelb, die Stadt ist überzogen von heller Lehmfarbe. Vom Geröll bei den Baustellen verteilt ein heftiger Wind den Staub auf die künstlich angelegten Rasenflächen, die tröpfelbewässerten Bougainvilleas, die Dattelpalmen. Mit ihm weht feiner Sand aus der Wüste heran. Rotes, Grünes, Schwarzes verschwindet unter einer beige-rosa-grau-braunen Decke. Straßen, Autos, Hausaufgänge. Zurück im Compound sehe ich, dass selbst auf dem eigentlich blitzblauen Boden des Pools vor unserer Wohnung eine karamellfarbene Schicht unter dem Wasser liegt.

Noch so ein Tag, mein sechster. Ich beginne, im alltäglichen Dasein Strukturen zu erkennen: Bei Sonnenaufgang nicht unbedingt beten, aber Sport machen (laufen, golfen). Später ist es dafür zu heiß. Dann ein dickes Buch lesen oder im Netz stöbern, Mails schreibend mit der westlichen Normalwelt Kontakt halten. Dann etwas essen, dazu frisches Brot im Supermärktchen kaufen oder in der Bar am Pool ein Curry mit Reis bestellen. In den dort ausliegenden, englischsprachigen Zeitungen von gestern blättern (*Arab News*, *Saudi Gazette*, *US Today*, manchmal *Herald Tribune* oder *Financial Times*). Vielleicht Siesta halten, dann nochmal Sport (schwimmen), schließlich wieder lesen oder fernsehen. Hin und wieder andere, hier festgehaltene Frauen zu gemeinsamen Unternehmungen treffen (zum Golfen, Lunchen, Spielen, Shopping). Mit männlicher Begleitung abends manchmal ausfahren, um an Schaufenstern vorbei zu schlendern, Essen zu gehen.

Also bin ich am Vormittag zweimal um den Golfplatz gelaufen. Etwa vierzig Minuten möglichst im Schatten. Entweder dem von den Dattelpalmen oder dem der Drei-Meter-Mauer, die mit Elektrozaun und Lampen gekrönt, den Compound umgibt. Beim Rundgang über das leicht geneigte Gelände kann ich streckenweise über die Mauer am anderen Ende hinausschauen auf Baukräne in der weiteren, einfarbigen Umgebung. Fertig ist ein moderner, massiver Triumphbogen, der alles von hier Sichtbare überragt. Der Hauptsitz des Chemiegiganten Sabic, eines der weltweit führenden Chemieunternehmen. Gegründet von den Saudis vor rund vierzig Jahren, um Ressourcen des Landes selber zu nutzen, vor allem, um Erdgas nicht länger nur einfach abzufackeln. Viele Arbeitsplätze für Männer. Frauen seien im hochmodernen Bürokoloss nicht vorgesehen, hatte ich am Abend vorher im Restaurant am Pool von Männern gehört, die dort arbeiten. Woran sie das erkannt haben? Es gibt nur zwei Damen-Toiletten auf 16 Stockwerken. Für den Fall, dass eine Frau aus Ländern, in denen der Konzern weibliche Mitarbeiter beschäftigt, zum Arbeitsbesuch in die Zentrale kommt.

Nur diese ausländischen Besucherinnen könnten es fertig bringen, mit einem nicht aus der eigenen Familie stammenden Mann in einen Fahrstuhl zu steigen. Für einen Saudi schier unvorstellbar, erzählten sie amüsiert. Mit einigem Hallo hatten sie mich vorher begrüßt, genau gemustert und dann Meinmann zur endlich anwesenden Frau gratulierend auf die Schulter geklopft. Augenzwinkernd wurde mir versichert, ich würde Saudi-Arabien bald lieben. Beim Blick auf den imponierenden Firmensitz fragte ich mich, ob die Geschlechtertrennung dieses westliche Macho-Gehabe der unangenehmen Sorte potenziert? Ich fürchtete, über kurz oder lang feministisch auffällig zu werden. Würde ich dann eingesperrt oder aus dem Land geworfen?

Nachmittags nochmals trotz der Hitze vor die Tür. Sogar drei Mal, um die Stunden am Computer zu unterbrechen. Zuerst ins

Verwaltungsgebäude des Compounds, um einen Termin für die offizielle Wohnungsübergabe zu vereinbaren und um nachzuschauen, wann der Friseur arbeitet. Er öffnet zwischen fünf und acht Uhr abends. Später dann, um im kleinen Laden Milch – aus Saudi-Arabien, was mich wundert – und Honig – aus Indien, was mich nicht wundert – nachzukaufen. Auf den Wegen das Gefühl, von einem gewaltigen Föhn heiß angepustet zu werden. Schließlich zusammen mit Meinmann, um im letzten Büchsenlicht ein paar Golfbälle gegen den anhaltenden Wind über die Driving Range zu dreschen.

Saudis sind mir weder in der Hausverwaltung, noch beim Friseur, weder beim Einkaufen noch im Golfplatz-Büro begegnet. Es sind Inder, die in den Läden bedienen. Das Restaurant betreiben Philippinos, in den Grünanlagen arbeiten Pakistani, in der Verwaltung des Compounds sitzen Libanesen. Ein Marokkaner arbeitet als Golflehrer, das Wachpersonal, das die Autos kontrolliert, die Schranken und Tore bedient, dürfte aus Zentralasien kommen. Vielleicht Usbeken oder Tibeter.

Die einzigen Saudis auf dem Gelände, eigentlich befinden sie sich davor, sind Soldaten, die in den getarnten Unterständen bei den Einfahrten hoffen, dass nichts passiert.

Der Abend beginnt früh. Riad liegt auf dem nördlichen Wendekreis, entsprechend kurz sind die Dämmerungen. Mit der Sonne verschwindet das bisschen Leben im Compound. Zeit zum Fernsehen, Heimatsender bevorzugt. Unsere Auswahl: *Deutsche Welle*, *BBC*, *ZDF*, *CNN*, *RTS*, *MTV*, *VOX Sport*, *Al Jazeerah*. Manchmal auf arabischen Sendern US-O-Ton-Filme mit Untertiteln. Nur zum Zappen geeignet sind die bunten indischen und asiatischen Programme. Dazu auf vier Kanälen Bilder von den Überwachungskameras: Zufahrtsstraße, Einfahrt zum Compound, großer Pool, Golfplatz.

GEBETSZEITEN-SHOPPING

Am siebten Tag nochmals Einkaufen. Es dürfte die wichtigste Freizeitbeschäftigung der Saudis sein. Die wesentliche, ja einzige Form öffentlichen Lebens in einer Welt ohne Kino, ohne Konzerte, ohne Theater. Manches davon lässt sich zwar organisieren, aber nur im privaten oder diplomatischen Rahmen. Einkaufen wurde auch für uns zur wichtigen Beschäftigung, neben Essengehen, Golfspielen und Durch-die-Wüste-fahren. Dazu gehört außer dem Auto mit männlichem Fahrer auch logistische Überlegung. Nicht wegen der Geschäfte, der Malls, die es anzusteuern gilt, sondern wegen der Gebetszeiten. Fünfmal am Tag ruft der Muezzin. Viermal am Tag sind die Läden deshalb für etwa zwanzig Minuten geschlossen. Dafür tobt der Verkehr.

Das Ideal: Vor dem Nachmittagsgebet in ein als Geheimtipp gehandeltes Café oder Restaurant gehen, in dem man während der Gebetszeit – hinter geschlossenen Vorhängen – sitzen bleiben darf. Während der Gebetszeit kommt man notfalls über eine Hintertür hinaus, aber nirgendwo herein. Eine Kleinigkeit essen, bis die Türen wieder geöffnet werden, dann zum Einkaufen durch die nächstgelegene Mall ziehen, bis zum Abendgebet. Einkäufe einladen, während es von den Minaretten tönt, weiterfahren zum Supermarkt: Vorzugsweise mit britischem, amerikanischem oder französischem Importangebot? Zwischen Abendgebet und Nachgebet die nächste Etappe fahren. Ausladen. Frisch machen für den Abend. Freizeitkluft für ein Abendessen im Compound, Abaya darüber für ein Dinner im Restaurant. Nach einiger Zeit in Riad hatte ich die Wahl zwischen drei Abayas. Selbstverständlich gibt es Mantelschränke mit weit größerer Auswahl. Zum Ende der Einkaufs-Rallye dann, während des Nachtgebets, noch ein Ziel für den Abend ansteuern: ein, zwei Malls mit hochpreisigem, internationalem Angebot, mit arabisch dekorierten Boutiquen für individuelle Kompositionen von Parfumölen, mit Duftholz und prächtigen mit Metall beschlagenen, kelchförmigen Räuchergefäßen, den Mubkhar.

Viele Geschäfte öffnen erst abends. Dasselbe gilt für die Restaurants. Vorher fehlt das Publikum. Wer zu früh, noch während der letzten Gebetszeit in der Mall ankommt, sucht sich eine Bank, einen Sessel. Plaudert. Allein sitzt hier niemand herum. Frauen erscheinen nur in Gruppen und Grüppchen. Jüngere Männer, auch sie meist im Pulk, treffen sich auf den wenigen Boulevards im Stadtkern von Riad, zeigen sich mit ihren Autos. Breite

Flanierwege verbinden dort Parkplätze am Rand der vierspurigen Straßen mit den Eingängen von aneinander gereihten Restaurants oder führen zu Schaufenstern von Couturiers aus Paris und Uhrenmanufakturen aus Genf. Diese Wege können abrupt aufhören, der nächste Straßenrand kann einen halben Meter tiefer liegen. Solche befestigten Gehwege unter freiem Himmel gibt es vor allem in der Nähe des anderen unübersehbaren Hochhauses von Riad, dem Al Faisaliah-Tower. Nicht ganz 270 m hoch, nach Plänen des Stararchitekten Norman Foster in vier Jahren hochgezogen vom Bauunternehmen Bin Laden, im Jahr 2000 fertig gestellt. Höher ist nur der im Herbst 2001 eröffnete Kingdom Tower mit gut 300 Metern. Der soll gebaut worden sein, nur weil ein Prinz einen anderen übertrumpfen wollte. Dergleichen Geschichten vom Hörensagen kursieren als unterhaltsamer Gesprächsstoff unter den Ausländern.

Der offenkundige Reichtum der Königskinder beflügelt die Phantasie. Das schönste Gerücht: Ein Flugzeug mit Pool. Das Wasser gebunkert in extra Tanks, damit es beim Starten und Landen nicht schwappt. Auch wenn sich der Wahrheitsgehalt solcher Behauptungen schwer überprüfen lässt, gewinnen sie mit jeder selbst erlebten saudischen Besonderheit an Plausibilität.

Wir bleiben beim Wolkenkratzer: Anders als der sich nach oben weitende Kingdom Tower sticht Landmarke Nummer Eins als extrem steile Pyramide in den Himmel. Knapp unterhalb der Spitze steckt eine große Kugel im Stahlskelett des Gebäudes. Darin befindet sich ein edles Restaurant. „The Globe" – mit gerühmtem Blick über die Stadt.

Bevor wir dort alkoholfreie Cocktails und Wasser bestellten, waren wir durch die Ladenpassagen im Fuße der Pyramide gebummelt. Das war im Herbst 2010. Viele junge Leute waren unterwegs. Es war erstaunlich laut. Wir blickten von einer Galerie im zweiten Stock hinunter ins Erdgeschoss. Drei Mädchen, Teenager, rannten unter Gejohle über die zentrale Fläche. Die schwarzen Abajas halb offen, so dass bodenlange, knallfarbene Röcke zu sehen waren. Ihre gelockten Haare fielen für jedermann sichtbar über die Schultern auf die Rücken. Ob sie die Moralpolizei erwischt hatte, die uns selbst wenig später begegnete? Schon von fern sah ich sie. Wie angekündigt: Zwei Männer in traditioneller Kluft, viel Bart, sehr haarige Beine aus weißen Hochwasserhosen, die Shemag lose auf den Kopf gelegt, kamen zusammen mit einem uniformierten Polizisten auf uns zu. Wir wichen aus. Der marmorne Weg vor den Luxus-Boutiquen war breit genug, um aneinander vorbeizugehen. Auf meiner Höhe hörte ich ein scharfes Zischen: „You are in Saudi Arabia, please cover your hair." Ich dachte an die Teenager im Erdgeschoss, überhörte die Aufforderung. Nichts weiter passierte. Unsicherheit beschlich uns trotzdem, und wir verließen die Einkaufszone, suchten den Fahrstuhl zum Restaurant.

Hoch über der Stadt moderne Eleganz: Schwarzer Teppich, schwarzes Leder, ein wenig Chrom. Tische aus schwarzem Stein direkt an der Fensterfront, so punktgenau und so spärlich beleuchtet, so weit voneinander entfernt, dass andere Gäste nur zu erahnen sind. Diskretes, vorzügliches Personal. Die Ober, dunkelhäutig, in dunkler Kleidung, verschwinden in der Finsternis des Kugelkerns, um zu erscheinen, bevor ein Wunsch offen bleibt. Es gab arabisch interpretierte, feine internationale Küche. Erst fand ich die Dunkelheit nur äußerst stilvoll. Später erkannte ich auch eine Notwendigkeit. Der Zwang zur Nicht-Öffentlichkeit hätte andernfalls mit Paravents oder Vorhängen um die Tische herum das grandiose Panorama verbaut: Den Blick auf eine schier endlose, mit weißgelben Lichtpunkten bestreute Fläche, als spiegelte sich der Sternenhimmel auf der Erde. Dazwischen nur wenige Stränge fließender Helligkeit. Nichts Buntes, bis auf den Himmel. So klares Königsblau, so glühendes Orange, so leuchtendes Karmesinrot über der schwarzen Linie des Horizonts. Im allertiefsten Blau der Abendstern, groß, weißsilbrig funkelnd.

Ich genoss den Moment, dachte nicht an meine bevorstehende Abreise, an die erneute Trennung von Meinmann. Über Tage war ich froh gewesen, nicht länger in Riad bleiben zu müssen. Der erste Eindruck, Mutawah inklusive, schien mir zu genügen. Aber mit diesem Sonnenuntergang im Blick bekam ich Lust auf einen nächsten Aufenthalt. Tatsächlich bin ich öfter nach Riad gekommen, als anfangs gedacht und habe das Tagezählen bald aufgegeben.

NIE (?) ALKOHOL, IMMER (!) ABAYA

Die herbstklare Luft nahm ich an diesem Abend im „Globe" noch als Selbstverständlichkeit. Da wusste ich noch nicht, wie mies das Wetter in der Wüste sein kann. Zum Frühjahr gehören Sandstürme, die alles zum Stillstand bringen und genauso heftig kann es – manchmal – regnen. Im Sommer folgt eine bedrohliche, trockene, staubige Hitze, die über +50°C erreichen kann, im Winter wird es fast ungemütlich kühl und wolkig, mitunter mit rauhreiffrostigen Nächten in der Ebene, Schnee in den Bergen. Was Regen oder Sandstürme für den Alltag in Riad bedeuten, lässt sich ohne eigene Erfahrung kaum ermessen. Aber wen interessieren schon Wetterwechsel in Saudi-Arabien. Gefragt wird nach der Ernsthaftigkeit des Alkoholverbots. Das interessiert Männer. Oder wie es sich anfühlt, verhüllt in einer Abaja herumzulaufen. Das möchten Frauen wissen. Schon erstaunlich, wie schnell saudische Sitten es schaffen, auch außerhalb des Landes die Geschlechter zu trennen.

Was den Alkohol angeht: ein *No No*. Wie schon erwähnt, selbst im saudischen Luftraum. Am Boden teuer, weil für das Einschmuggeln von Hochprozentigem eine hohe Risikoprämie verlangt werden kann. Dem Ausländer, der mit eingeschmuggeltem Alkohol erwischt wird, droht wenigstens die sofortige Ausweisung. Wer interessante, gut bezahlte Arbeit verlieren könnte, lässt erst mal die Finger davon. So erscheint der über die Stadt hoch aufragende Kingdom Tower manchem Biertrinker als Traumbild: ein gewaltiger Kapselheber. Rezepte zur Selbsthilfe sind gefragt und das Interesse daran verbindet. Abends am Pool, auf privaten Partys, in versteckten Kellerbars und gut getarnten Disco-Höhlen wird der heimwehliche Wunsch nach öffentlichem Leben für kurze Zeit vergessen und, wenn möglich, sogar in Bier und Wein ertränkt. Gastgeber lassen verbotenen Whiskey kreisen. Die Hauspolizei passt auf, dass Gleichgesinnte ungestört unter sich bleiben, der Verstoß gegen die Regeln nicht entdeckt wird. Was ich mir manchmal schwierig vorstelle. Denn immer wieder schaffen es Gäste, in der Regel Männer, sich derart zu betrinken, dass sie für den Weg nach Hause Begleitung brauchen.

Wo und mit welchen örtlich verfügbaren Zutaten ein obergäriges Gerstengebräu in erstaunlichen Mengen entsteht, frisch aufgeschäumt mit alkoholfreiem Bier, wollte ich nie so genau wissen. Es schmeckte immer gleich, leicht säuerlich, wie das belgische Geuze. Ausgeschenkt wird es nur hinter hohen Mauern bei verschlossenen Türen an vertrauenswürdige Leute. Es dauerte einige Monate, bis uns eine entsprechende und gänzlich unverdächtige Einladung erreichte, der wir aus Neugier folgten. Ein verschlungener Weg führte uns in eine veritable American Sportsbar mit allem Drum und Dran: Tresen mit Barhockern, Stehtische, gepolsterte Bänke. An den Wänden viel Buntes: Poster, Retro-Werbeschilder, Autokennzeichen von anderen Kontinenten. Um für das Bier nicht auch noch unbotmäßig Geld zu bezahlen, florierte ein Tauschhandel mit Coupons. Auch Wein wurde in großen Gläsern ausgeschenkt, tiefrot, sangriasüß und für mich nur mit viel Eis genießbar. Das klingt schlimm, ich weiß, entsprach aber sowohl der mäßigen Qualität des roten Getränks als auch den hohen Lufttemperaturen.

Wein selber machen? Ein verbreitetes, verbotenes und sehr beliebtes Hobby. Naturbelassenen Traubensaft gibt es im Supermarkt, Hefe ebenfalls. Beides wird auch von Arabern in verblüffenden Mengen gekauft. Anleitungen zum Vergären sind kein Geheimnis, persönliche Erfahrungen schon. Zur Basisausstattung gehört ein überzähliges, fensterloses Badezimmer, das sich leicht sauber machen lässt, falls ein Ansatz zu stürmisch gärt. Abgefüllt wird in Flaschen mit Drehverschluss, lieber noch mit Bügelverschluss. Die werden gehütet. Probieren durften wir vom moussierenden, unspezifischen Federweißen bis zu einer Art Syrah so einiges. Zum Nachmachen fühlten wir uns dadurch nicht animiert. Am Selbstgemachten schmeckte vor allem das Verbotene, aber Heimatliche darin.

Für Leute mit verwöhntem Gaumen reicht das nicht. Sie brauchen gute Freunde im Diplomatenviertel, in Riad heißt es einfach „DQ". Das steht für „Diplomatic Quarter", einem eingezäunten, bewachten, extra für den Bau von Botschaften entwickelten arrondierten Gebiet. Die Blaupause hierfür kam aus Frankfurt, vom Architekturbüro Albert Speer.

Auf den Einladungslisten von europäischen Botschaften zu stehen, gilt als besonderes Privileg, weil dort mit gutem Wein und frischem Fassbier das Selbstverständnis der vertretenen Staaten unterstrichen wird. Nicht nur an Nationalfeiertagen, sondern auch bei kulturellen Veranstaltungen, etwa wenn italienische Filme gezeigt werden, deutsche Kammermusiker gastieren, zeitgenössische britische Künstler ausstellen. Eingeschenkt wird ausschließlich in den abgeschotteten Räumen und Gärten der Botschaften, immer und nur für geladene Gäste. Auch Araber folgen diesen Einladungen. Es gibt ja auch Apfelsaft und Wasser aus den Alpen ...

Alkohol soll in der Wüste schon um die Zeitenwende mit Androhung der Todesstrafe verboten gewesen sein. Gute 600 Jahre bevor der Islam entstand. Das behaupten einige Altertumsforscher, wenn sie von den Nabatäern berichten. Über zweihundert Jahre hinweg trieben sie erfolgreich Handel mit den Weihrauchkrümeln aus dem Süden Arabiens, die sie bis ans Mittelmeer brachten. Kein Volk, eher eine Gruppierung von Stämmen, die sich unter römischer Vormacht auflöste. Dass sie nicht in Vergessenheit geriet, liegt an den Ruinen von Petra in Jordanien. Eine antike Metropole, von der unzählige Säulen und kunstvolle Felsengräber übrig blieben. Ob die Nabatäer Alkohol grundsätzlich oder nur auf Wüstenreisen ablehnten, mag umstritten sein. Aber sicher hatten sie bemerkt, dass diese Flüssigkeit nicht nur müde und damit kampfunfähig machen kann, sondern den Körper dehydriert. Ein Unding angesichts der Tagestemperaturen jenseits der Fiebergrenze und des knappen Wassers auf den Karawanenwegen. Also vermutlich weniger ein willkürliches Verbot, als vielmehr ein Gebot der Klugheit, um in der Wüste zu überleben. Und heute? Zumindest in Saudi-Arabien ist das absolute Verbot mit Blick auf den Autoverkehr nur zu begrüßen. Auch mit Nullkommanull Promille fahren zu viele Saudis, als wären sie sturzbetrunken oder total bekifft.

Diesem verordneten Verzicht konnte ich also nach kurzer Zeit im Land etwas Positives abgewinnen. Mit dem Gebot, mich mit einer Abaya zu verhüllen, habe ich dagegen länger gehadert. Auch wegen der Gleichgültigkeit, mit der Männer aus dem Westen auf die Kleidervorschrift reagierten. Entsprechend sensibel registrierte ich die unterschiedlichsten Begebenheiten, die es ohne Abaya nie gegeben hätte.

So sah ich bei einem Treffen mit anderen Ausländern, wie ein vielleicht zehnjähriges, amerikanisches Mädchen in einer Abaya durch die Reihen der Erwachsenen tanzte. Wie eine Prinzessin drehte sie sich, ließ den Umhang wehen. Was sie als eine schöne Verkleidung vorführte, gehört für saudische Mädchen in ihrem Alter wohl zu einem herbei gesehnten Augenblick, der verspricht: Ab jetzt keine bunten Kinderkleider mehr. Endlich erwachsen genug, um von potentiellen Schwiegermüttern und von Männern wahrgenommen zu werden. Endlich mit einer Abaya Weiblichkeit demonstrieren, mit den von der Nikab eingerahmten Augen flirten.

Wenig später rätselte ich, wie arabische Kinder im Strom der schwarz verhüllten Frauen ihre jeweiligen Mütter erkennen. Zumindest mir halfen auch die als wesentliches Accessoire getragenen, riesigen Handtaschen nicht weiter. Fast ausschließlich Louis Vuitton. Genauso unergründlich blieb mir der Wert eines Erinnerungsfotos, für das fünf schwarz zugehängte Frauen nebeneinander posierten.

An einem anderen Tag, bei einem Stopp an einer Autobahn, warte ich im Vorraum einer ordentlichen Toilette mit einer Gruppe junger Frauen in einer mehr oder weniger geordneten Schlange. Sie zeigen Gesicht, sind ansonsten schwarz verhüllt. Nur ich trage keine Abaya, sondern stehe in Jeans mit Polohemd als bunter Vogel dazwischen. Das geht, denn wir sind auf dem Weg nach Saudi-Arabien, aber noch vor der Grenze im ausländertoleranten Abu Dhabi. Die Frauen schauen mich an, drehen sich weg, unterhalten sich, kichern. Dann wenden sich die am nächsten Stehenden wieder zu mir, grinsen mich breit an und schlagen ihre Abayas auf. Auch sie tragen Jeans, knallenge Röhren. Mit den Augen verstehen wir uns – und lachen gemeinsam.

Eine Abaya, das sei doch nur ein traditionelles Gewand, so wie in Indien ein Sari, sagte mir einmal eine Saudi, mit der ich in Istanbul zufällig im selben Touristenbus saß. Sie kam aus der Ostprovinz, hatte als IT-Expertin bei Saudi Aramco in Dhahran gearbeitet. Saudi Aramco hieß von 1944 bis 1988 nur Aramco = Arabian-American Oil Company, gehörte zunächst US-amerikanischen Erdölfirmen, wurde verstaatlicht und ist bislang, denke ich, noch immer die größte Erdölfördergesellschaft auf dieser Erde. Das weitläufige Industriegelände muss sowas wie eine Exklave in der vorherrschenden isalmkonservativen Realität sein. Nicht nur, dass saudische Frauen dort arbeiten und auf dem Werksgelände Auto fahren. Sondern auch, weil saudische Männer, die bei Aramco arbeiten, mir mit ausgestreckten Händen entgegenkommen, um zu zeigen, dass sie westliche Umgangsformen kennen und sich – gastfreundlich höflich – trauen, mich Frau beim Begrüßen mit einem Handschlag zu berühren.

Eine Abaya sei extrem praktisch, erklärte mir eine elegante junge Araberin. Ihr Gewand bestand aus zwei Schichten – ein schwarzer Mantel, darüber eine hauchdünnes Gespinst im Leopardenprint. Sie trug dazu eine passend gefleckte Hijab und eine große Sonnenbrille. Frauen aus dem Westen würden das nicht begreifen, was wiederum sie ratlos mache. Man könnte den Umhang morgens über den Pyjama werfen, sich schnell in den Supermarkt bringen lassen und Vergessenes für ein spätes Frühstück besorgen. Das sei super.

Dass frühes Aufstehen generell sinnlos sei, merkte sie noch an. Weil erst nach dem Mittagsgebet das Leben beginne und dann bis tief in die Nacht dauere. Der Gedanke früh aufzustehen, um zu arbeiten, war ihr völlig fremd und auf keinen Fall ein guter Grund, die Abaya abzulegen.

Sie gehört zu der Sorte Frauen, die in der Family Section teurer Restaurants höchste Absätze zu sehr eleganten, schwarzen Abendroben tragen, die eher zufällig Abaya heißen. Die sich, wenn sie zeitweise in Europa leben, zurück ins Königreich sehnen, weil in ihren Augen ein Haushalt mit zwei kleinen Kindern ohne billiges Personal, also ohne Chauffeur, Kindermädchen, Haushälterin, Gärtner schlicht nicht zu bewältigen ist. Es sind Frauen, die ganze Tage mit Freundinnen bei Saudi Champagne verplaudern können, abends zusammen in den feinen Malls nach Mode oder Schmuck schauen und dies als besonders lebenswert empfinden. „Social life" heißt das und es muss viel attraktiver sein als europäische Tagesabläufe, die sich nach der Uhr richten und keine Zeit für das spontane Miteinander lassen.

Und dann noch das: An einer Bar in einem Ferienhotel an der Golfküste von Abu Dhabi sagt mir ein jüngerer Mann, der seine

Englischkenntnisse mit Weltläufigkeit verwechselt, es sei ja in Ordnung, dass ich ohne Abaya an der Bar stehe – bei meinem (fortgeschrittenen) Alter. Aber wenn eine Frau jung und sehr, sehr schön sei, müsse das doch wirklich nicht jeder sehen. Charmant ist anders, aber: Was tun sich da für Abgründe auf. Im Okzident brüsten sich Männer gern mit ihren Eroberungen, mit jungen, dekorativen Frauen an ihrer Seite. Im Orient werden die Schönen als Privatsache versteckt. Warum? Werden attraktive Frauen sonst geklaut? Droht Vergewaltigung auf Schritt und Tritt? Entschuldigt die Schönheit einer Frau ein viehisches Verhalten des Mannes? Und ist dieses Verhalten arabischer oder islamischer Standard? Nur Schwanz, unkontrolliert, kein Hirn, kein Benehmen, kein Respekt?

Es ist noch nicht so lange her, dass (männliche) Richter auch im christlich geprägten Westen eine Vergewaltigung zur Verführung uminterpretierten, um den Geschlechtsgenossen straffrei ziehen zu lassen. Und US-amerikanische Zeitgenossen im 21. Jahrhundert behaupten allen Ernstes, nach einer Vergewaltigung würde keine Frau schwanger, die dem Liebesakt nicht heimlich zugestimmt hätte. Schwachsinn in Potenz (sic!). Aber sich deshalb bis zur Unkenntlichkeit verhüllen müssen, um nicht an jeder Straßenecke angesprungen zu werden? Aus Angst, vor allem die „Ehre" zu verlieren und als Folge um das eigene, verletzte Leben fürchten müssen?

Beschützt die Frauen im Westen noch die Macht starker weiblicher Gottheiten aus den alten Religionen? Himmlische Mächte, die im Marienkult oder in der Anrufung weiblicher Heiliger fortleben? Warum kennt der Islam keine starke Frauengestalt? Allah, so sagte mir eine Muslima, bedeutet „Er und Sie". Wie passt das zur Geschlechtertrennung?

Der gesprächige Mann an der Bar des Ferienhotels trug bequeme, westliche Kleidung. Als ich ihm sagte, dass auch er sich traditionell kleiden sollte, wenn er von seiner Frau erwartet, dass sie die Abaya trage, schaute er mich kopfschüttelnd an. Unverständnis auf beiden Seiten. Achselzuckendes Patt.

Wie anders in Dubai: Dort suchte ich in der arabischen Passage einer dieser Mega-Malls erneut nach einer schlichten, schwarzen Abaya. Als Begründung schob ich nach, dass ich sie für Riad bräuchte. Mit einem wiederkehrenden, mitleidigen „Ooh" wurde ich in die hinteren Ecken der Geschäfte geführt. Mit einer großen Auswahl an Schwarzem lässt sich in Dubai niemand in einen Laden locken.

Ich habe die Abaya anfangs mit innerem Protest getragen, sie auf dem Flughafen jenseits der Sicherheitskontrolle sofort abgelegt, um damit zu winken. Dann wurde mir die Abaya zum Mantel, den ich sobald wie möglich öffnete, um den schwarzen Stoff wehen zu lassen, wie Zorro seinen Umhang. An den Anblick schwarz verhüllter Frauen habe ich mich trotz der vielen Monate in Saudi-Arabien nicht gewöhnt. Immer noch finde ich Abaya zusammen mit Hijab und Nikab gruselig. Halloween-Kostüme. Denn schwarz verhüllt treten in Europa seit Jahrhunderten der Tod oder die Pest auf die Bühne. Ein Bild, das ich nicht aus dem Kopf bekomme. Ähnliches gilt für das zugehängte Gesicht. Damit assoziiere ich zuallererst Verbrecher. Hat jemals ein geschlossenes Visier etwas Gutes bedeutet? Meine erste, emotionale Wahrnehmung der schwarzen Tracht folgt den europäisch geprägten Symbolen, bleibt negativ. Als zweites erst kommt die intellektuelle Wahrnehmung, die nach Gleichberechtigung fragt, nach weiblichem Selbstverständnis und Fremdbestimmung. Allerdings würde ich mir diese Fragen vielleicht gar nicht stellen, wenn Abayas bunt wären, die Gesichter offen. Das Schwarz macht aufmerksam auf die Frauenrolle in der arabischen Gesellschaft. Es alarmiert. Was nicht heißen soll, das bunte Kleider vor Geringschätzung schützen könnten, nicht in Indien, nicht in China, nicht in Europa, nirgendwo. Es fällt nur leichter, darüber hinweg zu sehen.

RIAD AN SICH (1)

Regen und Riad. Beides gehört irgendwie zusammen. Der Name der Stadt leitet sich vom Plural des arabischen Wortes „Rawdah" für Baum ab, bedeutet also Garten. Das ursprüngliche ArRiyadh, eine von den Türken

Anfang des 19. Jahrhundert (1818) zerstörte Lehmburgen-Siedlung, liegt am Zusammenfluss von vier großen Wadis mitten in der trockenen Hochebene Arabiens. Wiederkehrende Sturzfluten haben diese meist trockenen Täler ausgewaschen. Je nach Untergrund ziehen sich mal breite, geröllbedeckte Schneisen durch das Gelände, mal spitze Kerben mit tiefen Löchern zwischen Gesteinsplatten. Anderswo verlaufen U-förmige Kanäle mit steilen, rundgespülten Wänden aus zusammen gebackenem, grobem Kies. Eines dieser Täler bei Riad, das Wadi Hanifah, wurde vor nicht allzu langer Zeit in einen schmalen, langen Park verwandelt. Es erlaubt Blicke auf die Festungsruine. Hohe Lehmmauern, gesäumt mit Luftlöchern, eigentlich Schießscharten, wie Häkelspitze. Leider gab es keinen Zugang für uns. Das Gelände war wegen laufender Ausgrabungen und Bauarbeiten abgesperrt. Mit der Restaurierung der alten Burg bereitet der Staat seine Geschichte auf, als Sehenswürdigkeit, als Identifikationshilfe für die junge, wachsende Bevölkerung. Wir folgten der Straße weiter ins Wadi, fuhren auf einer Seite auf halber Höhe entlang von geschichtetem Kalkstein. Dattelpalmhaine krönen die hellen Felswände gegenüber, stehen vor den hochragenden, alten Schutzmauern. Im Talgrund führt ein Spazierweg über einige Kilometer durch schütteres Graugrün. Hin und wieder gibt es etwas Schatten von dornigen Akazien, blüht Bougainvillea in leuchtendem Rosa.

Dort, wo das Wadi breiter wird, enden Straße und Weg vor einem Wall, einem Damm. Vielleicht als Schutz vor Wassereinbrüchen, wenn es irgendwo weiter weg geregnet hat oder einfach, damit möglichst wenig Plastikmüll heran weht. Der Weg verzweigt sich zwischen Sträuchern und Wüstengräsern.

Seitlich vom lehmbeigen Deich, unter Bäumen, nahe der Straße, schützen Steinmauern aus dem Fels gehauene Bänke und vertiefte Feuerstellen vor Wind und neugierigen Blicken. Picknicken am Rande des Wadi. In Sommernächten sicher sehr stimmungsvoll. Dazu noch öffentlich zugänglich. Ein Freizeitgelände. Der Mutawah sollen die halbrunden, mannshohen Mauern um die Grillplätze nicht genügen. Verärgert haben die Sittenwächter festgestellt, dass die Geschlechtertrennung hier nicht hundertprozentig befolgt wird, sich auch nur schwer überwachen lässt. Partystimmung muss es hier öfter geben. Sonst wären die vielen Verkehrsschilder am Straßenrand nicht nötig, die das Rauchen von Shishas verbieten: ein Warndreieck mit rot durchkreuzter Wasserpfeife darin. Brandgefahr durch Shishas größer als durch Grillfeuer? Man lernt nie aus.

Vom Wadi Hanifa über neue breite Straßen durch Erschließungsgebiete zurück in die Innenstadt. An einem einsamen, sehr hohen Mast schlappt eine gewaltig große saudische Flagge im staubdiesigen Wind. Wo nicht gebaut wird, nur lehmfarbenes Geröll, platter Lehmboden, selten etwas Gesträuch. Am öden Wegrand Richtung Häusermeer manchmal ein paar Kamele, neben Zeltansammlungen, die flüchtig betrachtet nach Slum aussehen. Beduinen. Schwarzes Hauptzelt in der Mitte eines abgesteckten Areals. In der Nähe ein Fahrzeug, eingestaubt, meist ein Pickup. Autoreifen als Wegmarkierungen. Zelte mit Satellitenschüssel sollen Stadtbewohnern gehören, die das Wochenende gern in der Wüste verbringen. Eine Art Datsche im Sand, mit hellen Schmuckstreifen im oberen Drittel der dunklen Stoffwände, umgeben von Drahtzäunen, in denen sich Plastiktüten verfangen, die wie Wäsche im Wind flattern. In dieser Trockenheit verrottet nichts. Tierkadaver verdorren eher, als dass sie Aasfresser anlokken.

Auch der Weg zu einem Golfplatz außerhalb der Stadt führt einige Kilometer vorbei an weit verstreut liegenden Zelten. Um auf eine Piste zu kommen, die den Weg zum Golfgelände abkürzt, mussten wir an einer Tankstelle quer durch das zugehörige Werkstattgelände fahren. Weitere zehn Minuten durch lehmfarben ebenes Nichts, Blick und Lenkrad gerichtet auf eine kleine Ansammlung von Bäumen vor dem Horizont. Am Ziel öffnet sich ein schmiedeeisernes Tor in einer sandbeigen, hohen Mauer. Dahinter grüner Rasen, Palmen, blühende Büsche um ein modernes Clubhaus. Ein Prestigebau mit weiten Räumen, viel Teppich, ausladenden Sesseln, auch auf der großen Terrasse. Club, das heißt Privatgelände. Also kann ich die Abaya ausziehen, in normaler Kleidung mit dem Golfwagen über die grünen Spielbahnen fahren. Ja, ich fahre! Über den Platz zu laufen verbietet meist die Hitze. Lieber mit etwas Fahrtwind unterwegs sein, mit Schattendach und Kühlbox für die notwendigen Liter an Trinkwasser.

Wasser, das der Körper zur Eigenkühlung so dringend braucht, dass sich die Frage nach Toiletten auf dem Gelände erübrigt. An den Abschlägen blühen Mittagsblumen, das feste Gras um die Löcher steht dicht. Die Hindernisse sind sandig, das Gelände rundherum felsig. Akazienbäume markieren Distanzen. Eine Oase, die nicht von Gemüsebau und Ziegenherden lebt, sondern von Golfspielern. Es sind überwiegend Männer. Die wenigen Frauen auf dem Platz kommen meist aus Asien, aber auch aus Europa, aus den USA. Araberinnen? Vielleicht eine. Welche Frau sonst würde zum Golfspiel in der Wüstensonne einen schwarzen, langärmeligen Rollkragenpullover zu ebenso schwarzen, langen Hosen tragen?

Ein anderer grüner, sogar öffentlicher Bereich liegt mitten in der Altstadt von Riad. Gepflegter Rasen unter hohen Palmen. Ein großer, umzäunter Bereich mit Spielplätzen und Picknicktischen. Alles wirkt neu, wohl durchdacht und teuer. Männer allein, ohne ihre Familie dürfen hier nicht sein. Eine Straße trennt das Familienareal von weiteren, durch Wege gegliederte Grünflächen beim Nationalmuseum. Mit Gefühl für Tradition neu und repräsentativ gebaut. Architekten arbeiten hier im arabischen Glück. An Ideen, an Lust auf imponierende Dekoration fehlt es nicht, schon gar nicht am dafür notwendigen Geld.

Ins Museum komme ich am Familientag, also mit Meinmann. Und mit Martin, einem zeitweise allein in Riad lebenden Nachbarn. Er freut sich, in geschlechtlich gemischter Gesellschaft ausgehen zu können. Gemeinsam schlendern wir durch die Räume. Von der Erdgeschichte, über die Geschichte Arabiens, zur Geschichte des Islam bis hin zum Überfall auf die große Moschee in Mekka 1979. Darin verwoben die Geschichte der Al Saud. Dazu Modelle der heiligen Städte.

Wir stehen länger vor Nachbildungen berühmter Grabmäler in Mada'In Saleh. Sie wurden von den Nabatäern in die Felsen gehauen, wie in Petra. Aber sie sind weit weniger bekannt als die Überreste in Jordanien. Mada'In Saleh lässt sich nicht so einfach erreichen, wie Petra, das zu den Reisezielen westlicher Kultur-Touristen gehört. Wir beschließen, es von Riad aus zu versuchen.

Der Weg durch das Museum bringt uns zu Beispielen für Architektur in den verschiedenen Landesteilen. Sie zeigen, dass

Saudi-Arabien auch bunt sein kann, je nach dem, was die natürliche Umgebung an Farben bietet. Helle Fassaden geschmückt mit blauen Ornamenten oder Linien aus weißen Steinen in dunklen Mauern. Die lehmfarbene Eintönigkeit der Wohnburgen herrscht nur im Zentrum der arabischen Halbinsel. Buntes auch in den gezeigten Innenräumen, alle ausgestattet mit Wandbehängen, Sitzkissen, Teppichen. Viele bekannte Ornamente, kein Aha-Effekt, mehr ein „Tatsächlich, genauso". Dann doch eine Überraschung: Museumsräume verwandelt in einen Straßenzug aus Jeddah. Mit kunstvollen Holzgittern vor Fenstern und Balkonen, die das Luftschöpfen erlauben, ohne gesehen zu werden. Bezaubernd, märchenartig. Auch das will ich mir im Original anschauen, solange ich mich in Saudi-Arabien aufhalten darf.

Noch in Museumslaune suchen wir im Zentrum von Riad nach noch mehr Geschichte, fahren mit Martin zum Qasr al Masmak, dem Fort, das die Sauds mit einer Schar bewaffneter Reiter eroberten, um ihr Königreich zu etablieren. Historische Einschusslöcher in der Außenwand. Durch eine Tür im eisenbeschlagenen Tor folgen wir dem Weg in schattige Innenhöfe, fühlen den angenehm kühlen Hauch aus Windtürmen, in denen Holzleitern zu Schiesscharten führen.

Im Fort historische Empfangszimmer, ausgelegt mit Teppichen. Sitz- und Lehnpolster auf dem Boden entlang der Wände, in der Mitte niedrige Tische aus poliertem Holz, darauf silberne Kannen für arabischen Kaffee. Wieder wie im „Es war einmal"-Bilderbuch. Räume mit Fotos der abenteuerlich gekleideten, siegreichen 30 Kämpfer mit ihren Gewehren. Fotos von Riad, damals. Bilder aus den frühen Jahren des zwanzigsten Jahrhunderts, die einen immensen Zeitensprung dokumentieren. Vom Mittelalter ins Jetzt in Jahrzehnten, nicht Jahrhunderten. Allein schon das Faktum der zeitgleich existierenden Fotografie irritiert beim Blick auf die kaum erst verschwundene, museal anmutende Realität.

Das Tempo der Veränderung dürfte so manchen überfordern. Vertrautes mit Neuem zu verschmelzen, verlangt viel politische Klugheit und religiöse Aufgeklärtheit. Oder wäre Abgeklärtheit die bessere Vokabel? Aufklärung gilt manchem Muslim als westlicher Irrweg. Ein Irrweg, der zum Humanismus führte, zur Abschaffung von Sklaverei, weiter zur Säkularisierung, zu naturwissenschaftlicher Erkenntnis, zu medizinischem Fortschritt, zu technischen Neuerungen. Die Auffassung, dass Allah den Arabern das viele Erdöl geschenkt habe, weil er es gut mit den Wüstensöhnen meint, mag ich hinnehmen. Aber wieso sich niemand fragt, warum diese Ressource für Reichtum erst mit westlicher Hilfe entdeckt wurde, kann ich nicht nachvollziehen. Die alles erklärende, alles entschuldigende Formel „Allah wird es wissen und regeln" genügt mir nicht. Mehr noch: Ich finde sie gefährlich. Denn sie leistet mangelhafter Bildung und intellektueller Beschränkung Vorschub und hilft den Machtbeseelten.

Beim alten Fort reihen sich in schmalen, aber asphaltierten Straßen kleine Geschäfte aneinander. Schäbige Dritte-Welt-Behausungen mit erstaunlichem Angebot. Entlang eines Wegs werden ausschließlich teure Parfums verkauft. Die Schachteln stapeln sich vom Boden zur Decke. In der nächsten Straße gibt es Spielsachen. Nur billiges, kirmesbuntes Plastikzeug in Unmengen. Wir laufen zum nahen Altstadt-Bazar beim Uhrenturm am „Chop-Chop-Square". Mit Meinmann und Nachbar habe ich endlich ausreichend Begleitung für einen Besuch des Dira Souk. Das Auto lassen wir auf dem Parkplatz am Fort stehen, wo dunkeläugige Männer mit Wassereimern und Lappen auf Gelegenheitsarbeit warten. Sie tragen graublaue, weite, lange Hemden über im Wind wehenden, einfachen Hosen. Pakistani vermutlich. Für zehn Rial, also etwa zwei Euro, wollen sie in unserer Abwesenheit den Lehmstaub vom Auto waschen. Martin zahlt das Doppelte. „Mein Beitrag zur Entwicklungshilfe", sagt er. „Denen geht es dreckig." Er möchte gern etwas Gutes tun, zeigt westlich geprägtes, schlechtes Gewissen. Die Leute in den blauen Hemden scheinen das zu kennen. Sie insistieren auf Trinkgeld ganz anders als bei den Saudis. Von denen werden sie kaum wahrgenommen, auf dem Parkplatz mit wegwerfenden Gesten vertrieben: Nutzmenschen, praktisch für jede Arbeit. Sie schleppen, fegen, wischen im immer wehenden Staub aus Lehm und Sand. Gegen Abend stehen oder hocken sie zu zweit oder dritt in der Nähe von Baustellen im Geröll am Straßenrand, warten auf ein

Fahrzeug, das sie abholt. Für größere Gruppen gibt es eine Flotte von ausgemusterten, gelben Schulbussen aus den USA, die zwischen Arbeitsstellen und Unterkünften pendeln. Einfache Quartiere, eher Lager, irgendwo hinter anderen Mauern. Ihre Familien dürfen sie nicht nachholen, aber sie können sie mit dem Verdienst aus der Ferne durchbringen. Die Arbeitserlaubnis endet nach wenigen Jahren. Einwanderung ist unmöglich. Was für ein Fortschritt, als König Abdullah 2012 entschied, Arbeiten in der Hochsommer-Mittagssonne zu verbieten, wenn die Temperaturen im Freien über +45°C steigen.

Feilschen im Altstadt-Souk

Der „Chop-Chop-Square", ein heller Platz, belegt mit großen Platten aus fast weißem Kalkstein. An drei Seiten hoch umschlossen von eckigen Türmen und modern-massigen, glatten Bürofassaden aus demselben hellen Material. Der Hauptsitz der Moralpolizei. Über dem Platz ein Viereck vom blauen Himmel. Auf der gänzlich leeren Fläche nur Hitze. Hier will keiner sein. Wir bleiben im Schatten von angrenzenden Häusern, gehen zu den Arkaden am Eingang des Altstadt-Bazars, dem Dira-Souk, vorbei am Uhrenturm. Martin kennt sich im Bazar aus und er weiß auch, warum in arabischen Städten Uhrentürme als Sehenswürdigkeit gelten. So auch in Riad. Ein Turm ohne viel Schnickschnack, vielleicht vier Meter hoch. Obenauf sitzt die passend große Uhr mit Zifferblättern für jede Himmelsrichtung. Also eigentlich nur ein Türmchen, kein Vergleich zu europäischen Kirch- oder Rathaustürmen mit ihren großen Zifferblättern und Zeigern, ihren komplizierten Schlagwerken für Glocken. Undenkbar, dass von schlanken, hohen Minaretten ein Glockenschlag kommt, der die Zeit verkündet. Das klänge christlich.

„Die Sonne reicht doch als zeitliche Orientierung", sagt Martin. „Die scheint fast immer. Dazu noch fünf Mal am Tag der Ruf des Muezzins. Das genügte lange und vielen noch immer." – „Nur bei Sandsturm klappt das nicht", grinst Meinmann. „Aber da bleibt sowieso alles stehen."

„Was nicht heißen soll, dass es vorher keine Zeitmesser gab", erzählt Martin weiter. „Sonnenuhren, Sanduhren, Wasseruhren. Irgendwie muss der Muezzin ja rechtzeitig vor Sonnenaufgang wach werden." „Die Wasseruhr in der Alhambra von Granada – der Löwenbrunnen – ist besonders schön", ergänze ich beim Weitergehen. „Jeder der zwölf Löwen hat für je eine Stunde Wasser gespuckt. Bis die Araber vertrieben wurden. Beim Versuch der siegreichen Spanier, die Wassermechanik zu verstehen, wurde sie zerstört. Habe ich in einem arabischen Führer gelesen. Es klang nach Überlegenheitsgefühl, weil die Europäer zu blöd für das mechanische Kunstwerk waren. " – „Und jetzt haben wir Uhren und sie haben Zeit", blödelt Martin. „Jedenfalls kamen die Uhrentürmchen häufig als Geschenk aus Europa in diese Gegend."

Im verwinkelten Altstadt-Bazar weist Martin auf „das typisches Mitbringsel" hin, die Krummdolche. Drumherum gibt es unglaublich viel ausgemustertes Kram: Röhrenradios, rostige Taschenlampen, verschlissene Kamelsättel, Telefone mit Wählscheibe, verbeulte arabische Kaffeekannen, Bezüge für Armlehnkissen, Säbel, traditionell und schön bemalte Holztüren, leider zersägt, um als Tischplatte verkauft zu werden, Ethno-Schmuck aus Usbekistan, Henna-Boxen, Musketen, alte Pistolen. Auch Taschenuhren, die sich nicht mehr aufziehen lassen, vielleicht wegen Sand im Gehäuse. Flohmarkt auf Arabisch. Dann wird es ordentlich. Hell ausgeleuchtete Läden mit pelzgefütterten, bodenlangen Wüstenmänteln hinter blitzenden Glaswänden. Mit hohen Regalen voller grellweißer und beigebrauner Stoffe für maßgeschneiderte Thobe. Läden für weiße Ghutra und karierte Shemag, mit diskret eingewebtem Logo von Valentino bis Dior. Dazu schwarze Agal in verschiedenen Größen, ursprünglich Fußfesseln für Kamele, jetzt nur noch modischer Halt für das große Tuch auf dem Kopf oder auch immer noch beides. Feiner Wollstoff für feudale Mantelüberwürfe in Schwarz, in Tabaktönen. Daneben breite goldene Borten in dicken Rollen. Besatz für den Saum. Mit den Gewändern können saudische Männer sehr elegant aussehen: In weiß, braun und gold. Oder sehr sommerlich: In rotkariert und makellosem Weiß. Die Männer – nur Männer – in den Läden mustern uns. Wenige sprechen uns an. Wir sehen sehr fremd aus: Zwei bartlose Männer in Chinos und

Polohemd. Zwischen ihnen eine Frau – zwischen (!) den Männern, nicht dahinter – mit sichtbarem Pferdeschwanz. Statt Hijab nur ein Schal aus schwarzer Spitze um den Hals, dazu eine zu kurze Abaya, denn der Saum von schwarzen Hosenbeinen ist sichtbar und damit auch die hellhäutigen Füße in schwarzen, flachen Lederschuhen zum Schnüren. Auch die sind ungewöhnlich. Saudis tragen Slipper, Flip-Flops oder Sandalen. Schnürsenkel sind deshalb Mangelware. Meinmann hat für sich einen Vorrat eingeflogen und glaubt schon, eine Marktlücke entdeckt zu haben. Die Schneider bleiben in ihren Glaskastenläden hinter den Modellen für die edlen Mantelüberwürfe stehen, als sie uns kommen sehen. Ihre Bischt sind nichts für Männer aus dem Westen. Sie selbst tragen makellos schimmerndes, glattes Weiß zur hochgeschlagenen, karierten Shemag. Was macht den eleganten Mann hier sonst noch aus? Manschettenknöpfe, möglichst sichtbar teuer, am Ärmel der Thobe, und rosige, bestens pediküre Füße in Schlappen mit dicker Sohle und Riemen aus verziertem Leder. Diese Kluft unterstreicht ein Verhalten, das, durch die westliche Brille betrachtet, ziemlich schwul wirkt. Wohlwissend, dass Homosexualität im Islam streng verboten ist: So viel sanfte Berührungen und vielsagende Blickwechsel unter Männern hatte ich bisher nur auf dem Christopher Street Day vermutet. Wenn sie im Gespräch etwas Ernst meinen, fassen sie ihr Gegenüber an, greifen nach der Schulter, dem Arm. Dazu weiche Bewegungen unter langen Gewändern, kunstvoll drapierte, hochgetürmte Shemags auf den Köpfen. Und wenn das Tuch als Vorhang um das gepflegt bärtige Gesicht fällt und die langen, seitlichen Zipfel stören, werden sie mit derselben sanften Bewegung auf den Rücken geworfen, mit der Mädchen im Westen eine lange Haarsträhne aus dem Gesicht streichen. Seltsam anders. Männer aus dem Westen kann dies Gehabe ganz schön irritieren. Sie dürfen es sich aber nicht anmerken lassen, wenn sie sich dadurch homoerotisch angemacht fühlen. Es sei ziemlich gewöhnungsbedürftig, meint Meinmann.

In den schmalen Gassen des ältesten Bazars von Riad wird uns immerhin Räucherholz, Oud, angeboten. Mit einem freundlichen, leicht fragendem „Welcome" und einer einladenden

Handbewegung, die glatten, aromatischen Holzstücke zu befühlen. Sie liegen in großen Schalen, sortiert nach Größe, Form, Sorte Rauchgeruch. Schon an sich sehr dekorativ. Es ist ein höflich wirkender Versuch, ins Gespräch zu kommen, kein Aufdrängen. Prächtige Gefäße gibt es, um das Holz verqualmen zu lassen. Kelche, die an Füllhörner erinnern, metallglänzend, mit bunten Steinen besetzt. Aber nirgends glimmt ein Duftholz. In anderen Bazaren, mit breiteren Wegen, unter offenem Himmel, führt der schwere Duft des Rauchs zu den Geschäften. Die vom Kunden ausgesuchten Holzstückchen werden als Kostbarkeiten verpackt. In kleinen, mit Samt bespannten Schachteln. Eine Handvoll Holzstückchen kann über 100 Euro kosten. Dazu wird ein kleiner Flakon mit passend aromatisiertem, honigbraunem Öl verkauft. Nur für den Herrn des Hauses. Dass Gästen mit duftendem Räucherholz besondere Wertschätzung signalisiert wird, habe ich irgendwann begriffen. Auf die Frage, ob das Öl auch als Aphrodisiakum verstanden wird, habe ich leider nie eine Antwort bekommen.

Nebenbei: Als ich selber zum ersten Mal versuchte, Oud in einem kleinen, traditionellem Räuchergefäß zum Qualmen zu bringen – auf einem viereckigen, taillierten Block aus rötlichem Holz, an den Seiten verziert mit Palmen aus silbrigen Metall, Füße und Kopf mit der Vertiefung zum Kokeln ebenfalls metallbeschlagen – atme ich so viel Rauch ein, dass ich noch Tage danach immer wieder huste.

Meinmann möchte mir einen Pashmina schenken. Also gehen wir suchend an den Geschäften entlang. Wie unheimlich dunkel muss es hier sein, wenn die Geschäfte geschlossen sind, die wandhohen Schaufenster hinter schweren Jalousien und Rollgittern verschwinden. Nur wenig Tageslicht kommt durch die Schlitze in den Kuppeln über den Wegkreuzungen. Sonne ist nicht erwünscht. Wir biegen in Wege ein, in denen es elegante Handtaschen für den Abend gibt, aus Seide geknüpfte Teppiche, auffällig teure Uhren, bis zu einem von Martin empfohlenen Laden. Eine etwa vier mal sieben Meter mit dickem Teppich bedeckte Fläche, die drei festen Wände voll hochgestapelter Schals, seitlich der breiten Glastüren Regalbretter mit wenigen, ausgesucht schönen Henna-Boxen. In der Mitte des Ladens, in einem Vitrinentisch, ausgebreitet auf dunklem Samt, traditioneller Silberschmuck aus Zentralasien. Korallen, Perlen aus dem Golf, sprich Arabischer Golf, nicht etwa Persischer, wobei es sich um dasselbe Gewässer handelt. Die politisch-religiösen Spannungen zwischen diesen beiden Mittelmächten reichen bis in die Alltagsprache. Der junge Ladenbesitzer macht es sich einfach, redet nur vom „Golf". Er trägt eine jeansblaue Thobe mit Nieten und Brusttaschen, keine Kopfbedeckung. Einerseits ein deutliches Signal, nicht zu den Traditionalisten zu gehören, andererseits auch geschicktes Verkäuferverhalten, denn im üblichen kalkweißen Gewand würde er selbst zum Ausstellungstück inmitten der dunkelfarbigen Stofflagen.

Die Männer reden, öffnen Henna-Boxen, lassen sich Schmucksteine zeigen. Mein Blick fliegt über Schals, die über Sitzkissen fließen, bleibt kurz an einem schimmernden Farbenspiel in Blau und Rot hängen. Der Ladenbesitzer hat das bemerkt und beginnt den Männern die verschiedenen Qualitäten von Kaschmirwolle zu erklären. Er holt Beispiele aus den sorgfältig geordneten Schals, lässt uns – auch mich – Weichheit, Glanz, Musterreichtum vergleichen. Nur keinen Pashmina aus China kaufen, rät er. Seide sei beigemischt, die mindere die Qualität. Und Kaschmirziegenbart sei nicht gleich Kaschmirziegenbart, da gäbe es Unterschiede von Tal zu Tal. Er führt dies Verkaufsgespräch nicht zum ersten Mal. Eine Landkarte, mit der er regionale Qualitätsunterschiede unterstreichen kann, liegt griffbereit in einem der Regale. Was kann ihm Besseres passieren, als ein Kunde, der einem anderen Mann gleich beweisen wird, was ihm seine Frau Wert ist. Längst hat er bemerkt, welcher Schal mir gefallen hat. Er reicht ihn mir, damit ich ihn über die schwarze Abaya lege. „Er schmeichelt dem Teint", sagt er zu Meinmann. „Steht Dir gut", nickt der, wechselt die Sprache und fragt nach dem Preis. Ganz verkehrt. Statt einer schnellen Antwort holt der Verkäufer weitere Schals. Meinmann und Martin sind beeindruckt und können das nicht für sich behalten, nicht in Gesten, in Mimik, schon gar nicht in Worten. Martin überlegt, auch einen Schal als Geschenk zu kaufen. Ein zweiter großer Schal kommt ins Gespräch, noch prächtiger, feiner, eleganter als der erste. Silbergrau schillernd schattierte, orientalische Musterfülle. „Damit wird das einfachste Kleid zur Abendrobe", meint Martin. Die beiden Männer vergleichen den Griff, die Farben. „Ein tolles Stück", begeistert sich Meinmann. Wieder die Frage nach dem Preis. Als ich ihn höre, wende ich mich zum Ausgang. Doch meine beiden Begleiter halten mich zurück. Der Verkäufer hat wirklich leichtes Spiel. Nur eine kurze Debatte über den Betrag. Die Zahlen (europäische Version der Ziffern) werden auf einen elektronischen Rechner getippt, mit ein wenig Kopfschütteln zwischen den Männern hin und her gereicht. Dann willigt Meinmann ein. Beide Schals hat er gekauft. „Sowas bekommen wir so schnell nicht wieder", meint er. Martin zeigt sich beeindruckt, Meinmann ist zufrieden. Aber der Mann in dem jeansblauen Hemd fühlt sich offenbar nicht ganz wohl mit dem Abschluss. Er legt einen weiteren Schal in eine dunkelgrüne, kartonierte Tüte, sozusagen als Bonbon für mich. Und dann noch einen für Martin – als treuem Kunden – zum Weiterverschenken. So weit, so klar: Wir haben zu viel bezahlt.

VERSTECKTE NACHRICHTEN

Der Rückweg vom Bazar führt durch den tobenden Verkehr vorbei an einem weiteren, architektonisch auffällig modernen Gebäude. Es sieht aus, wie die feindliche, fliegende Untertasse aus einem Science-Fiction-Comic: das Innenministerium. Hoch steht das Gebäude über der Straße, hinter den kleinen Fenstern sollen sich Büros, Zellen für Gefangene und Einrichtungen zum Foltern befinden. Zu den zirkulierenden Gerüchten gehört, dass auch der amerikanische CIA die Örtlichkeiten nutzt.

Wieder in der Wohnburg für Westler erledigen Meinmann und ich ein paar Einkäufe im kleinen Supermarkt. Wir holen uns frisches Obst aus Ägypten, Frühstücksflocken aus England, wohlschmeckendes Joghurt aus lokaler Produktion und Corned Beef aus Argentinien. Schinken gibt es nicht. Der muss wie Dörrfleisch für Spiegeleier vakuumverschweißt in Europa ins Gepäck und dort hoffentlich unentdeckt bleiben. Entwickeln sich aus Essgewohnheiten Parallelgesellschaften? Für die Saudis bleiben wir jedenfalls Fremde, die sich leicht ignorieren und gegebenenfalls schnell austauschen lassen.

Beim Bezahlen überfliegen wir die Schlagzeilen der *Herald Tribune* und der *Financial Times*, lassen sie aber liegen. Die Nachrichten im Print sind zensiert. Internationale Presse erscheint ohne Berichte über das Saudische Königreich, es sei denn, sie sind positiv. Die englischsprachige *Arab News* erlaubt sich Stellungnahmen zu fernem Weltgeschehen, zitiert auch Kommentare aus Zeitungen von anderen Kontinenten. Etwa zur Euro-Krise. Überwiegend berichtet sie mit einem nach Osten gerichteten Fokus. Der indische Subkontinent und Zentralasien liegen näher, als Europa und die USA. Die Zeitung unterfüttert die auch in Saudi-Arabien geführte Diskussion um Modernisierung, um gesellschaftliche Veränderungen mit Meinungsbeiträgen, die nicht unbedingt nur aus der reaktionären Ecke kommen. Anders die *Saudi Gazette*, am besten vergleichbar mit einem Lokalblatt. Politisch gänzlich unkritisch, verteidigt sie religiöse Werte. Trotzdem und gerade deshalb interessant zu lesen, um ein Gefühl für die Befindlichkeit von Staat und Religionsführerschaft zu bekommen und das Zwischen-den-Zeilen-lesen zu üben. Insbesondere die publizierten Fotos sind zu deuten. Wer wie oft mit wem abgebildet wird und wer – plötzlich – nicht mehr, das gibt Anlass zu Rückschlüssen auf die Besetzung von Ministerien, auf den Gesundheitszustand der Mächtigen, auf die Thronfolge. Beispiel: Von einem nicht offiziell bestätigten Raketenangriff auf die saudische Geheimdienstzentrale im Juli 2012 erfährt der Leser nichts, wohl aber von der plötzlichen Neubesetzung einer Schlüsselposition in diesem Dienst. Über das Warum kein Wort. Auch nichts über die plötzlich abgesperrten Wege um das fragliche Gelände.

Die zugehörigen Gedankenspiele sind Teil des saudischen Alltags wie der Gang zur Reinigung zum Abschluss eines Einkaufs. Ist der Vorgänger im Amt bei der Attacke ums Leben gekommen? Über dergleichen sinne ich nach, wenn ich Meinmanns Hemden abhole. Sie sind gewaschen, gebügelt, gefaltet und in viel Klarsichtfolie eingewickelt, damit sie auf dem Weg von der Wäscherei zum Kunden nicht wieder schmutzig werden. Lehmstaub ist überall.

Wir laufen mit den Einkäufen über den glatten, grün gestrichenen Asphalt eines Basketballfelds, unter Palmen entlang der Straße, dann vorbei am rauschenden Wasserfall und an leeren Sonnenliegen am kleinen Pool über Natursteinwege durch grünes Gras. Auf der hellen Steintreppe zum Eingang unserer Wohnung liegt schon wieder rotbrauner Sandpuder, in dem wir Spuren hinterlassen. In der Wohnung weht die Klimaanlage, die Einrichtung huldigt amerikanischem Tex-Mex-Komfort, Hufeisengirlanden inklusive.

Auf Nachrichtensuche im Fernsehen bleiben wir bei *Al Jazeerah* und verfolgen Berichte auf Englisch über die Lage im Mittleren Osten. Die englische Version soll andere Schwerpunkte haben als die arabische, behaupten die, die beide Programme vergleichen können. Als über den Sender 2011 die ersten Aufstände in Ägypten bekannt wurden, kam der damals kranke König Abdullah vorzeitig vom Genesungsurlaub in Spanien zurück. Überall hingen große Plakate mit seinem freundlichen, großväterlichen Konterfei, auf dem gesamten Weg vom Flughafen in die Stadt, an Hochhausfassaden. Jubelbotschaften hießen ihn willkommen. „Wenn es dem König gut geht, geht es dem Land gut." Sehr auffällig, denn außer Hinweisschildern, welcher Prinz oder welche Prinzessin gerade eine Universität bauen lässt oder sonst wie staatstragend Gutes tut, gibt es kaum Werbung am Straßenrand. Abdullah gab sich gerührt und dankte seinen Untertanen mit Geld. Zwei Monatsgehälter extra für alle Beamten, also so gut wie für jede Familie. Denn sehr viele Saudis arbeiten für den Staat. Alles fraglos wunderbar.

Als einige Wochen später über Twitter Demonstrationen an einem „Zornigen Freitag" auch für Riad angesagt wurden, herrschte in der Riesenstadt Ruhe. Die allermeisten Ausländer blieben an diesem arabischen Wochenend-Tag in ihren bewachten Wohnanlagen. An den Pools gab es keinen freien Platz mehr. Abwarten. Lauschen, ob Hubschrauber in der Luft sind. „Sie sollten immer das Auto vollgetankt vor der Tür stehen haben. Und einen Koffer mit dem Nötigsten, Dollars, Trinkwasser und etwas Proviant parat", riet ein Franzose mit militärischer Erfahrung jedem, der es hören wollte. Dann Erleichterung, als sich herumsprach, dass auch die Saudis zuhause geblieben waren. Die religiöse Führerschaft bei den Protestversammlungen in diesem Frühling sahen sie mit Misstrauen: Nur keine Entwicklung in Richtung Gottesstaat wie im Iran provozieren. Denn seit Abdullah regiert, nehmen die kleinen Freiheiten zu. Keine öffentlichen Hinrichtungen mehr – zumindest in den Städten. Die Willkür der Religionspolizei eingeschränkt. Begnadigungen nach spektakulär vorgestrigen Scharia-Urteilen. Abdullah setzt auf Bildung mit mehr Schulen und Universitäten im Land und mit Stipendien für Ausbildungen im Ausland. Zu fünfzig Prozent sollen es Frauen sein, die auf Staatskosten studieren. Zu seinem Programm gehört auch die Gründung der schon erwähnten Elite-Universität für Master-Studien in technischen Fächern. KAUST – King Abdullah University of Science and Technology – eine kleine, reich ausgestattete Forschungswelt für sich. Auf einer Halbinsel im Roten Meer, die dem König gehört. Also Privatgelände, auf dem die Religionspolizei nichts zu suchen hat. Demzufolge dürfen Frauen dort auch Auto fahren. Technische Bildung gegen dumpfen Unmut. Dazu genug Geld für die Allermeisten, freie medizinische Versorgung, Benzin und Wasser im Wüstenstaat so gut wie umsonst. Schon ein knappes Jahrzehnt ein kluger Herrscher. Mit Blick auf den Iran, Israel, Ägypten, Syrien viel Bangen und Hoffen, aber keine Antwort auf die Frage, wie und mit wem es nach ihm weiter geht. Elite-Truppen sollen in den Ostprovinzen, am Golf, an der Grenze zu Jordanien, sprich Syrien, bereit stehen, das Königreich zu schützen. Ein Reich, in dem die allermeisten jungen Leute auf Wohnungssuche sind, auf einen Arbeitsplatz bei einer Behörde hoffen, um sorglos vom saudischen Ölfluss versorgt zu sein, bis ins Rentenalter. Arabellion? Wofür? Zu welchem Preis? Demokratie? Menschenrechte? Rechtsstaatlichkeit? Pressefreiheit? Vielleicht, irgendwie anders, irgendwann. Aber bitte keine schiitischen Sympathisanten des Iran auf der ölreichen, saudisch-sunnitischen Seite des Arabischen/Persischen Golfs. Unter keinen Umständen. So jedenfalls sahen die Proteste auf der arabischen Halbinsel und deren Niederschlagung durch die saudische Brille aus. Ein paar Intellektuelle kritisierten in Blogs, dass der König zur allgemeinen Befriedung Wohltaten in Milliardenhöhe ausgegossen hatte. Auch in Kuweit verschenkte der Herrscher Geld an die Bürger.

2 500 Dollar für jede Familie plus ein Jahr jeden Monat ein Lebensmitteleinkauf umsonst – jeweils eine Wagenladung voll. Die Forderungen nach mehr politischer Teilhabe anstelle der königlichen Gaben fanden in Riad kein wahrnehmbares Echo. Eher beiläufig wurde registriert, dass saudische Soldaten als Teil der Truppen des Golf-Kooperationsrats nach Bahrein marschiert waren. Auf Bitten des dortigen, sunnitischen Herrschers. Nach drei Unruhemonaten hatte er den Ausnahmezustand verhängt. Die schiitischen Protestierenden würden verdrängt, mit Tränengas eingenebelt, scharf beschossen, sagte ein Krankenhaus-Arzt in einem Interview auf *Al Jazeerah* mit Tränen in den Augen. Die Welt schaute gerade nicht so genau hin, denn die Erdbeben-Tsunami-Naturkatastrophe in Japan, der anschließende GAU, zog alle Aufmerksamkeit auf sich. Ob es von den Medien außerhalb des Mittleren Ostens registriert wurde, dass sich der schiitisch dominierte Iran meldete, von einer nicht akzeptablen Situation sprach? Dass US-Außenministerin Clinton auf Nahost-Reise kurzfristig von den Saudis ausgeladen wurde, um unmissverständlich klar zu stellen, dass es sich bei den Protesten auf der saudischen Seite des Golfs allein um eine arabische, eine saudische Angelegenheit handelte? Amerikanische Unterstützung war – besonders mit Blick auf den Stützpunkt der fünften US- Flotte in Bahrein – ausdrücklich nicht erwünscht.

Wie der erste floppte auch der zweite Zornige Freitag in Riad. Nur einmal sollen einige Frauen für die Freilassung ihrer Männer oder Söhne demonstriert haben. Der Aufruhr in Bahrein schien die Saudis in Riad weder zu überraschen noch zur Nachahmung zu motivieren. Das hätte es doch schon öfter gegeben. Der Arabische Frühling sei nur ein neuer Aufhänger für einen viel länger schwelenden Konflikt, hieß es. Die zweifellos benachteiligte, überwiegend schiitische Bevölkerung rebelliert mal wieder gegen einen politisch ungeschickten, sunnitischen Herrscher. Schiiten gegen Sunniten heißt Iran gegen Saudi-Arabien. Dass wir wenige Wochen nach den mit der Arabellion verknüpften Unruhen auch in Bahrein überall das freundlich-beschwichtigende Bild des saudischen Königs sehen, wundert uns nicht.

Nur eine Perle in Bahrain

Der Perlen-Platz war weiträumig von Militär abgesperrt als wir Anfang Juni 2011 aus Riad mit dem Auto nach Bahrain kamen. Die wichtigste Kreuzung im Zentrum der Stadt blockiert durch Mengen an Stacheldraht, mit gepanzerten Fahrzeugen unter Tarnnetzen, provisorischen Wachtürmen. Immer wieder fuhren wir auf erzwungenen Umwegen daran vorbei. Ein deutlicher Hinweis, sich möglichst unauffällig zu verhalten. Normalität war angesagt. Sofern das normal ist, wenn ein den Stolz und die Geschichte einer Region symbolisierendes Monument abgeräumt wird. Weil es auf dem zugehörigen Platz zu Unruhen kam, die – wohl erstmals – internationale Aufmerksamkeit erregten. Der Perlen-Platz ohne Perle. So kenne ich den Platz nur. Den Beschreibungen nach muss es ein eindrucksvolles Bauwerk gewesen sein, das nun keine dreißig Jahre alt wurde: Ein Brunnen mit Fontänen, aus dem sechs Pfeiler ragten, die an arabische Segeltakelage erinnern sollten. Neunzig Meter hoch. Gekrönt von einer Perle. Alles sehr bedeutsam: Sechs Pfeiler für die sechs arabischen Staaten des Golf-Kooperationsrats. Die Perle als Bild für das gemeinsame Erbe. Wie symbolträchtig ist jetzt der Abriss?

Und wieso eigentlich eine Perle in Manama? Die Antwort fand ich in einem Hotelprospekt: Perlen aus dem Golf gehörten früher zu den arabischen Kostbarkeiten. Und die schönsten und teuersten Perlen kamen aus Bahrain. Denn an der Küstenlinie der Insel gab es Muschelbänke, die im Meer von Quellwasser umspült wurden. In der Mischung aus Salz- und Süßwasser wuchsen Perlen von besonderem Glanz und deshalb mit großem Seltenheitswert. Bis heute soll Bahrain der einzige Platz in der Welt sein, an dem keine Zuchtperlen verkauft werden. Auch wenn es diese besonderen Perlen kaum noch gibt. Zuchtperlen aus Asien haben die Preise verdorben. Erdöl-Industrialisierung, zusammen mit wachsender Bevölkerung, führte zum Absinken des Grundwassers, zum Versiegen der Süßwasserquellen unter dem Meeresspiegel. Und das Meer selbst verdreckte durch viel ungeklärtes Abwasser. Zumindest an der Qualität des Meerwassers soll etwas geändert werden.

Vor der Fahrt nach Bahrain hatten wir uns bei Berufspendlern erkundigt, ob wir die Reise wagen könnten und wurden ermutigt. Von Familienvätern, die in Riad arbeiten, aber Frau und Teenager-Kinder in Bahrain einquartiert haben, weil dort westliche Lebensweise toleriert wird. Die US-amerikanische Marine-Basis macht es möglich, oder besser: unvermeidlich.

Also mit dem ersten Morgenruf von der nächstgelegenen Moschee um 4:00 Uhr aufstehen, um 5:30 Uhr das Haus bei gleißendem Sonnenschein und schon +28°C verlassen. Über die zweimal 2,5-spurige, reichlich frequentierte Autobahn Richtung Dammam fahren. 400 km nach Osten. Verkehrsschilder warnen vor Sandsturm, vor frei laufenden Kamelen. Erst finde ich die Landschaft beiderseits der Straße nur fade. Ich registriere lehmiggelben Boden, verstreut bewachsen mit zerzaustem, graugelb eingestaubtem Gesträuch. Dann bringen wellige Flächen aus schokoladenfarbenen, bröseligen Brocken etwas Abwechslung. Später begrenzen rötliche Dünen in weiten Reihen den Blick. Bald darauf erneut dunkle, in Tausende Häufchen aufgeplatzte Erde. Über geraume Zeit kein Zeichen menschlicher Aktivität jenseits der Autobahn. Noch weiter weht von hellen, flachen Dünen Sand auf die Straße. Plötzlich etwas Grün. Akazien, kreisrund bewässerte Felder für Gemüse. Wenige Kamele, hoch eingegattert. Danach, in einer buckeligen, sandgelben Gegend, frei wandernde Kamele, einzeln oder in kleinen Trupps. Die dunklen Tiere bemerken wir sofort, freuen uns über mitunter malerische Silhouetten vor Hügelketten. Eher zufällig bemerken wir auch die hellen Tiere. Ihre runden Höcker verschmelzen als kleine Wanderdünen mit der Umgebung. Sie ziehen langsam durch die Weite, Nasen am Boden, wo nichts Fressbares zu sehen ist. Größere Gruppen stehen bei Wassertank-LKWs und um abgeladene Heuballen. Manchmal kommen Ölfelder in den Blick, unspektakuläre Gerüste, rostigbraune, lange Rohrleitungen.

Nach fünf Stunden Fahrt in Dammam eine längere Pause. Meinmann folgt beruflichen Terminen in der männlichen Arbeitswelt. Ich versuche, mir die Zeit in der größten Mall des Königreichs zu vertreiben. Gerühmt für die Architektur, die an einen arabischen Palast erinnern soll. Das ist außen. Schön gemacht. Innen kaum ein Unterschied zu den Einkaufszentren in Riad. Die Boutiquen in den verwirrend vielen Gängen sind fast alle geschlossen. Die mittägliche Gebetszeit naht. Nur in einem exklusiv weiblichen Bereich, der „Ladies Section", gibt es etwas Betrieb. Junge Frauen, die laut telefonieren, mit kleinen Kindern spielen, Geld von Automaten holen. Sie tragen alle Abayas mit reichlichem, farbigem Besatz an Ärmeln, auf dem Rücken, der Verschlussleiste. Anders als in Riad sieht das mehr nach Tracht aus, als nach Vermummung. Bei einem Gang zur Toilette gelingt mir ein Blick in den Andachtsraum für Frauen: leer. Während ich darauf warte, dass die Geschäfte wieder die Rollläden hochziehen, die Schaufenster beleuchten, sitze ich unter einer künstlichen Palme auf einer Bank und lese die aktuelle *Arab News*. Europäische Salatgurken haben es auf Seite Eins gebracht, weil sie nicht zu haben sind. Sie seien viel zu teuer. Entsprechend nichtssagend der Rest der Zeitung

Im Food Court dominiert das amerikanische Angebot, neben indischem, chinesischem, japanischem.

An den Theken gibt es, wie überall, zwei Ausgaben, einen für „Family", also Frauen, meist mit Kindern, und einen für „Single", also Männer ohne weibliche Angehörige. Mit den Tabletts geht es dann hinter die Paravents in die ebenso geteilten Bereiche.

Fast Food kommt der traditionellen Essensweise sehr entgegen: So schnell wie möglich, ohne viel dabei zu reden. Erst bekommen Männer die Mahlzeit auf Platten gereicht. Sind sie satt, geht der Rest zu den in einem anderen Raum wartenden Frauen, Kindern. Was sie übrig lassen, muss für weitere, familienfremde Bewohner eines Hauses reichen. In armen Gegenden, in kargen Zeiten, bekommen nur die Männer etwas. Frauen gehen leer aus, wenn sie nicht bei der Zubereitung genascht haben, was sie eigentlich nicht dürfen. So jedenfalls soll es sein. Europäische Geselligkeit beim Essen – unmöglich. Ausgiebiges Tafeln wäre den Sitten folgend auf Männer beschränkt, hieße, Frauen auf das Essen warten zu lassen. Das soll nun aber doch nicht sein. Deshalb setzen sich arabische Männer zum Verhandeln und Erzählen nach der Mahlzeit zum Kaffee zusammen.

Von Dammam weiter nach Bahrain. Aus der bis an die Küstenlinie reichenden, gelben Trockenheit des Festlandes führt die Autobahn auf langen, flachen Brücken über das blaue, ruhige

Meer Richtung Insel. An ihrem dicken, grünen Saum saugt sich das Auge erst mal fest, bis Grenzkontrollen den Blick verbauen. Fünf oder sechs verschiedene Stationen unter weit ausgespannten Zeltdächern. Erst kontrollieren die Saudis, ob Auto und Insassen das Land verlassen dürfen. Dann prüfen die Bahrainis, ob sie Auto und Insassen auf die Insel lassen wollen. Alles passiert im Stop-and-Go-Verfahren an Autoschaltern. Die Warteschlangen bei der Abfertigung sind berüchtigt, besonders am Wochenende, wenn Leute aus Saudi-Arabien auf die Insel strömen, um einige Freiheiten der westlichen Lebensweise zu genießen, unter anderem auch um sich zu betrinken. Wegen der gerade überwundenen politischen Unruhen hält sich der Zustrom bei unserer Reise aber in Grenzen. Die Gebühr für das Touristen-Visum bekommen wir geschenkt. Keine nette Geste, sondern durchaus angemessen. Denn angesichts der vergitterten, gepanzerten Polizeiwagen überall am Wegrand zwischen Palmen und grünlichem Gebüsch fällt touristische Ferienstimmung flach. Vor der Hotelzufahrt noch die übliche, für mich immer wieder befremdliche Folge von Sicherheitssperren: Schwellen, Schikanen, Reifenkiller, Schranken, Wachmänner. Unmittelbar dahinter üppig rot blühende Rabatten, dichter Rasen, wie mit der Nagelschere gepflegt. Zwischen der modern-arabischen Pracht im Hotel und dem Meer erst eine großzügige Poollandschaft, dann hinter einem Deich eine künstliche Lagune mit Sandstrand. Ein subtropischer Park als Schattenspender. Schönste Wendekreis-Vegetation. Die Wüste scheint unendlich weit weg. Direkt am Meer stehen mit viel Grün abgeschirmte, großzügige Häuser mit Privatstrand. Für Hotelgäste, die nie und nimmer vor fremden Blicken ins Wasser steigen.

Beim Check-In ein prüfender Blick auf unsere saudischen Papiere. Dann das Angebot, ein All-is-free-Paket zu buchen. Da bekämen wir ein etwas größeres Zimmer und könnten uns den gesamten Tag über in einer Lounge verpflegen, Alkohol inbegriffen. Aha. Super für Leute, die sich in Bahrain auf Ballermann-Manier entspannen wollen: Sandstrand und Alkohol. Aktuell ist das auch bestens geeignet, die hochgerüstete Polizei zu vergessen, ebenso wie das verschwundene Monument am Perlen-Platz. Zu der Zielgruppe gehören wir aber nicht. Auch wenn wir die

Ankunft in Manama mit einem Rumcocktail (ich) und einem gezapften Bier (Meinmann) feiern und uns durchaus darauf freuen, zum Abendessen in polynesisch-tropischem Dekor Wein trinken zu können. In der nächtlichen Hitze sitzen wir später auf der Veranda des Restaurants, mit Windlicht und leise brummenden Ventilatoren. Mitten zwischen Palmen und sanft ausgeleuchtetem Dschungelgrün auf einer kleinen Insel. Über eine schmale Brücke bummeln wir zum Abschluss des langen Tages zur Strandpromenade der Hotelanlage. Da sind wir ganz allein. Sternenhimmel schauen, Meeresrauschen hören. Sehr romantisch, ja paradiesisch. Wenn nicht alle hundert Meter ein bewaffneter Wachmann aus dem Schatten einer Palme träte, nach dem Wohin und Woher fragte, sich den Zimmerausweis des Hotels zeigen ließe, nervös das Mobiltelefon am Ohr.

Am nächsten Morgen suchen wir Ausgrabungsstätten, die wir uns anschauen möchten. Archäologen buddeln auf Bahrain nach bronzezeitlichen Überbleibseln der Dilmun-Kultur. Auf dem Weg dorthin endet das moderne Manama ziemlich abrupt. Aus breiten Boulevards werden Lehmstraßen, dann Pisten. Froh, in einem geländegängigen Wagen zu sitzen, halten wir Ausschau nach spärlich verteilten Wegweisern, parken schließlich vor einer Art Tor zwischen einem einzelnen Baucontainer und einem zusammengenagelten Pförtnerhäuschen. Ein Mann kommt aus dem Baucontainer, als wir aussteigen. Das heranstaubende Auto dürfte uns angekündigt haben. Er mustert uns kurz, steigt hinter die Pförtnertür, verkauft uns durch ein offenes Fenster mit schmalem Tresen für einige Dinar Eintrittskarten zu dem wüstenähnlichen Gelände. Eine beachtliche Ansammlung kleiner Grabhügel liegt vor uns in einer kaum abgezäunten, großen Mulde. Viel ist nicht zu sehen. Wir folgen verzweigten Trampelpfaden zu schon freigelegten Mauerresten. Über uns heiße Sonne aus einem milchigblauen Himmel. Kein bisschen Wind. Zwischen den kleinen Hügeln kocht die Luft. Wir fliehen vor der Hitze, fahren klimatisiert, wie schön, weiter zum staatlichen Museum. Dort gibt es ein paar Fundstücke aus den Grabungen zu sehen, die ältesten aus dem Neolithikum, 7000 Jahre alt. Dazu etwas Geographie und Völkerkunde, garniert hier und da mit modernen Plastiken. Eine seltsame Mischung, die ich mir mit der Suche nach historischer, nationaler Identität erkläre. Im Museumsladen blättern wir eine Weile unentschlossen in populärwissenschaftlichen Arbeiten. Die Annahme, Bahrain sei nichts weiter als eine Begräbnisinsel gewesen, wird entschieden zurückgewiesen. Offenbar wird die große Zahl der Grabhügel auf der Insel – ahnungslos oder übelwollend? – so gedeutet. Ob es dafür oder dagegen spricht, dass Dilmun in der sumerischen Weltsicht für eine paradiesische Insel stand, die heute in Bahrain verortet wird? Die Insel mit Süßwasserquellen, gut für schöne Perlen, dürfte nicht nur Totengräber angezogen haben. Sie lag auf den Seehandelswegen zwischen Mesopotamien und dem Indus-Tal. Der Golf war bereits in der Bronzezeit eine wichtige Wasserstraße, nicht erst jetzt für das Erdöl.

Auf der Suche nach einem empfohlenen Restaurant irren wir mit dem Auto erneut durch die Stadt, denn die beschriebenen Wege versperrt das Militär. Vergebliches Hin und Her auf mal halbfertigen, mal modernen, mal vormodernen Straßen. Vorbei an glasblinkenden Hochhäusern, an ein- bis zweistöckigen schäbigen, schmalen Schuppen. Neben uns glänzende, neue Geländewagen mit verdunkelten Heckscheiben – Vorsicht! Total schwarz eingewickelte Frau am Steuer – und verstaubte, verbeulte offene Lieferwagen – Vorsicht! Telefonierender Mann mit Zigarette im Mund lenkt. An einer roten Ampel sehen wir völlig unerwartet einen Hinweis auf das Museum für zeitgenössische Kunst. Das zu finden, hatten wir gar nicht erst probiert. Also hin, obwohl wir fast sicher sind, dass wir vor geschlossenen Toren stehen werden. Auto parken gelingt. Schnell unter ein paar hohen Akazien entlang einer Mauer zum Eingang. Die hohe, schwere Holztür geht auf. Am Ende eines kurzen, dunklen Flurs eine junge Dame in Schwarz mit sichtbar freundlichem Gesicht hinter einem Tisch. Das Museum sei zu, aber das Restaurant noch offen. Ob wir dorthin wollten?

Wir essen in einem lauschigen Innenhof unter weißen Sonnensegeln, mit Blick auf begrünte Mauern, auf Wände mit zu Kunst erhobenen Holzgitter-Balkonen. In der Mitte des intimen Platzes ein Brunnen – eine kolossale Schale, aus der das Wasser in ein Becken tropft. In der Mitte der Schale eine große, idealrunde Kugel. Doch noch ein – unser – Perlenplatz in Bahrain.

Am nächsten Morgen fegt Wind jedes auffindbare Stückchen Dreck in den Hotel-Pool. Die Palmen biegen sich, Plastiktüten wirbeln hoch. Wir packen, gießen nochmal Spülmittel über die Scheinwerfer des Autos. Es geht schnell an den Grenzstationen. Nebel liegt über dem Wasser. Auf dem Festland Sandtreiben. Die Autobahn leicht verweht, die Landschaft wirkt platt, einfarbig blass, beige. Kamele, soweit erkennbar, stehen abwartend mit dem Hinterteil zum Wind. Kamele. Wie schnell sie zu einem gewöhnlichen Anblick wurden. Genauso wie die Checkpoints auf den Autobahnen. Wir nehmen sie hin wie Mautstellen. Angeblich gibt es sie, um Illegale zu entdecken. Leute, die nach Ablauf der Aufenthaltsgenehmigung untergetaucht sind, die in Saudi-Arabien bleiben wollen. Ja, auch die gibt es. Nicht alle Posten sind besetzt, bei Sandtreiben schon gar nicht. Trotzdem: Auf dem einen Kilometer nach dem Hinweisschild bis zum „Checkpoint" besser kurz rein in die Abaya – und dann wieder raus. Lästig.

Die Tücken der Ikama

Nach langer Fahrt durch staubigen Dunst abends Housewarming-Party bei Nachbarn im Compound. Als Mitbringsel haben wir Brot und Salz dabei. Salz aus der Camargue vom französischen Supermarkt. Frisches Graubrot aus Sauerteig, vorbestellt beim Inder im kleinen Laden innerhalb der Compound-Mauern. Der hat gute Beziehungen zur deutschen Bäckerei in Riad. Jeden Tag lässt er frische, überaus deutsche Ciabatta-Brötchen anliefern. Am Buffet freundschaftliches Miteinander vor Bergen von Tabouleh, Hummus, Oliven, Tomaten mit Schafskäse, Hackbällchen, Möhrensalat, Hühner-Curry. Dazu jede Menge Wasser, Saudi Champagne und Wein aus der „Badezimmer-Produktion" der Gastgeber. In meiner Nähe auf dem Grill liegen Steaks von Rind und Lamm. Es dauert eine Weile, bis ich einmal mehr realisiere, dass die Hitze um mich herum nicht vom Grill kommt. Sie ist einfach überall.

Das „Willkommen zurück in Saudi-Arabien", mit dem wir begrüßt werden, klingt leicht ironisch, gibt sofort Anlass für Gespräche mit noch unbekannten Bewohnern des Compounds über das gar nicht selbstverständliche Ein- und Ausreisen. Heimweh nach den simplen Grenzübertritten kommt auf, denn alle Gäste an diesem Abend kommen aus Europa, von Schweden bis Spanien. Zu den Europäern zählen auch Chinesen von den Philippinen mit britischem Pass, die jeden mit gekonnt französischem In-die-Luft-Küsschen begrüßen.

„Zurück in Saudi-Arabien" – das klingt so selbstverständlich. Aber den spontanen Wochenendausflug nach Bahrain konnten wir uns erst erlauben, als sowohl Meinmann als auch ich eine Aufenthaltserlaubnis, eine sogenannte Ikama, für das saudische Königreich hatten, zusammen mit einem Visum zur Mehrfach-Einreise.

Um die Aufenthaltserlaubnis beantragen zu können, ließ es sich nicht vermeiden, einmal mit einem besonderen Visum – dem zum Erreichen der Ikama – ins Land zu kommen. Es sieht keine Ausreise vor. Ich fühlte mich nicht gut dabei. In Riad angekommen, musste ich zeitweise auch noch meinen Pass den Behörden überlassen. Alle Anträge liefen über Meinmanns Arbeitgeber. Wenn ausländische Frau verreisen will, so lernte ich, muss Mann und dessen Arbeitgeber einverstanden sein.

Die Ikama – ein Ausweis, eine Plastikkarte, die aussieht wie ein Führerschein – gilt für zwei Jahre. Meinmann bekommt sie für mich ausgehändigt und kann endlich – nach drei Wochen Ungeduld – das Ausreisevisum für mich beantragen, das wiederum für die Wiedereinreise eine ultimative Frist von sechs Monaten setzt. Diese halbjährige Gültigkeit des Visums enthält dazu noch eine spezielle Tücke. Ein halbes Jahr: Das sind in Saudi-Arabien sechs Monate im Mondkalender – nicht im westlichen Jahreskalender. Allah sei Dank gibt es eine Website, auf der sich die Gültigkeitsdauer jedes Visums nach mohammedanischem und gregorianischem Kalender nachschauen lässt – auf Arabisch und auf Englisch.

Meine Ikama und den Pass mit passendem Visum durfte ich behalten. Anders Meinmann, der – offiziell – seinen Pass beim Arbeitgeber hinterlegen musste, dafür die im Land notwendige Ikama ausgehändigt bekam. Ohne Ikama kein Führerschein, kein Inlandsflug, kein … Zum Ausreisen musste er jedes Mal den Pass gegen die Ikama tauschen. Diese Regeln gelten für alle

Ausländer, die im Königreich arbeiten, auch, oder: vor allem, für die vielen Arbeiter und Haushaltshilfen aus Pakistan, Bangladesch, Nepal, den Philippinen, Indonesien. Saudischen Arbeitgebern läuft nicht so leicht jemand weg. Mit einem Visum für die mehrfache Aus- und Einreise fühlten wir uns aber ziemlich frei.

Zur Ikama-Prozedur gehört auch eine medizinische Kontrolle. Leute mit Tuberkulose, Würmern oder HIV-Träger wollen die Saudis nicht im Land haben. Also bekam ich über Meinmann einen Termin in einer Klinik, ließ mich dorthin fahren. Das Hospital: ein moderner, mehrstöckiger Bau, wie so viele in Riad. Am hotelartigen Empfang in einer hohen weiten Halle erwartet mich ein junger Saudi mit bemerkenswert hoch geschichteter, braunkarierter Shemag, die schwarze Kordel zuoberst hängt schräg wie eine Baskenmütze. Er lässt mich einen Fragebogen in Englisch ausfüllen. Dann eskortiert er mich zu einer Wartezone. Von dort lotst mich eine Krankenschwester durch die Flure. Sie ist sicher keine Saudi, kommt vermutlich aus Südostasien. Zuerst bringt sie mich in ein Sprechzimmer. Eine Ärztin stellt sich vor, total eingehüllt in dunkle Abaja und Hijab, aber immerhin sehe ich in ein rundliches, freundliches arabisches Gesicht. Als sie mich bittet, mich für ein paar diagnostische Griffe auf eine Liege zu legen, will ich mich einiger Kleiderschichten entledigen. Sie bremst mich sofort. Selbst die Abaya soll ich anlassen. Dass ich darunter noch Jeans, T-Shirt und, denn es ist Winter, Pullover trage, interessiert nicht. Da liege ich und werde durch die Stofflagen hindurch abgehorcht. Saudische Frauen werden wissen, welche Kleider unter der Abaya bei einem Arztbesuch sinnvoll sind. Bestimmt tragen sie keinen breiten Ledergürtel, so wie ich. Ein Abtasten der Bauchdecke ist damit unmöglich. Dass ich nun doch die Abaya aufschlagen muss, den Gürtel lösen, den Hosenschlitz – so wenig wie nötig – öffne, bereitet der Ärztin Unbehagen: Vor jedem, sehr vorsichtigen Griff in die Bauchdecke eine Entschuldigung. Bei den folgenden Untersuchungen fällt mir auf, dass es nirgendwo Spiegel gibt. Nicht in der schmuddeligen Umkleide beim Röntgen, auch nicht in der Toilette. Urin- und Stuhlprobe. Papier in der Toilette ist nicht vorgesehen, nur der übliche, kurze Duschschlauch. Als Alternative zum reinigenden, trocknenden Papier bleibt er mir hier besonders fremd. Es gibt

Kulturunterschiede, an denen ich festhalte. Meine Nachfrage stößt auf Verständnis. Ich bekomme ein paar Blätter.

D**URCH DIE WÜSTE ZUM EDGE OF THE WORLD**

Wir möchten durch die Wüste fahren und brauchen dafür Gleichgesinnte. Alleingänge gelten als riskant bis gefährlich. Deshalb in der frühen Dunkelheit im Schritttempo raus aus dem Compound, mit viel Gas rein in den Verkehr. Entlang der Straßen wieder hellst erleuchtete Geschäfte. Für Polstermöbel, Treppengeländer, Türklinken, Haushaltskram aller Art. Straßenbazars, anzusteuern über parallel zum Hauptverkehr laufende Service Roads voller parkender Autos. Wo immer es geht, wird abgedrängt, gehupt, über den Seitenstreifen kommend geschnitten. Meinmann kann mithalten, seit er das Wüstenmodell eines japanischen Geländewagens besitzt. Selbstredend mit abgedunkelten Scheiben im Fonds, die die Umgebung sanft verschleiern. Autos mit klarem Glas im Heck bedeuten: Ausländer am Steuer, Rücksichtnahme unnötig, ignorieren.

„Nach der Kreuzung mit der Mekka-Road die zweite Ausfahrt, dann weiter bis zu einer Apotheke neben einem Sushi-Laden. Sag Bescheid, wenn Du sie siehst." Das klingt nur einfach. Erst im Vorbeifahren das Ziel entdecken, dann bei der nächsten Ausfahrt Spur wechseln, Baustellen-Stau, wieder drehen, langsam fahren, die schmale Straße anvisieren, die in ein finsteres Wohnviertel führt. Weiter nach Pfadfinder-Schnitzeljagd-Manier die Adresse suchen, Kreuzungen zählen. Wir wollen zu einem sehr versteckt liegenden anderen, auch gut bewachten Compound. Dort treffen sich die Riad Ramblers. Wir müssen das Loch in der Mauer finden, durch das Fußgänger das Gelände betreten können. Denn die Einfahrt ist für Besucher tabu.

Vor ummauerten Häusern zwischen Baugerät und Mülltonnen parken. Dann durch den Wind bis zum Einlass die Abaya mit beiden Händen festhalten. Eine Metalltür, eine Schleuse, in die jeweils nur eine Person passt, noch eine Tür, zwei Schritte im Freien, dann ein uniformierter Kontrollposten, der nach den Namen der Besucher fragt, sie mit einer Anmeldeliste vergleicht. Dass nur Meinmann auf der Liste steht, macht nichts. Frau zählt nicht.

Die Häuser hier stehen dicht an dicht. Reihenhäuser mit Parkplätzen ohne Sonnendach direkt vor der Tür. Im Compound, aus dem wir kommen, stehen die Autos der Anwohner in weiten Kreisen um lockere Bebauung unter Palmwedeldächern, was nicht nur offensichtliche Vorteile hat. In den Schattenspendern fängt sich auch viel Lehmstaub, der bei Regen auf die Autos tropft, sie zudeckt.

Licht aus dem kleinen Compound-Restaurant zeigt uns den Weg. Einige Mitglieder aus der Gruppe der Riad Ramblers sitzen hier, warten auf Essen. Auch Meinmann freut sich auf die andere Küche in ungezwungen westlicher Atmosphäre. Abaya ausziehen oder anbehalten? Es sind nur winterliche +17°C, und es gibt keine Heizung.

Oberhalb der Bar, zu erreichen über eine steile, schlecht beleuchtete Außentreppe, ein kahler Versammlungsraum: einige Reihen einfacher Stühle, ein Tisch mit Laptop und Beamer vor einer aufgespannten Leinwand. Weitere Tische an der Wand mit Kaffee in Thermoskannen, mit Würfelzucker aus der Schachtel, Milch im Karton. Auch Wasser in großen Flaschen, Plastikbecher. Ein Pappteller mit Keksen. Noch zwei Tische quer zwischen Eingang und Sitzreihen mit Unterlagen in Kisten. Vielleicht vierzig Leute, deutlich mehr Männer als Frauen, kommen hier zusammen. Alle aus Europa oder den USA. Die meisten zwischen dreißig und 45 Jahre, nur ein paar Ältere, über 50. Die Männer fast alle in Jeans und Karohemd, nur wenige im dunklen Büro-Anzug. Die Frauen tragen Chinos und Strickjacken über T-Shirts. Ihre Abayas hängen über Stuhllehnen auf den Boden. Ein Kleinkind spielt zwischen den schwarzen Mänteln Versteck.

Der Club der Riad Ramblers funktioniert als Selbsthilfeverein gegen Langeweile. Er organisiert Fahrten in die Wüste. Die Mitglieder treffen sich monatlich, halten Kontakt über eine geschlossene Facebook-Seite. Auf dem Programm: von Ausflügen erzählen, technische Erfahrungen weitergeben, Neulinge trainieren für das Fahren im Sand, Routen in bekanntes und unbekanntes Terrain besprechen, kleine Konvois zusammenstellen. Niemals allein in die Wüste! Oder doch, aber erst nach 15 Jahren im Land, vertraut mit Sprache und Gebräuchen der Beduinen in der Wüste und der Saudis in den Oasen sowie mit guten Kontakten zum

Königshaus. Verabredungen für Tagestouren werden getroffen, für Wochenendfahrten, seltener auch für längere Abenteuer. Eine monatliche Clubzeitschrift fungiert als gemeinsames Gedächtnis. Ausgaben mit besonders schönen Landschaftsfotos mussten schon mehrfach nachgedruckt werden. Wie überall werden Freiwillige gesucht für das Administrieren und Redigieren. Es gelingt.

Nach dem ersten Abend unter Wüstenfahrern zog ich das Fazit: Das muss eine Art kollektives, ausgedehntes Bungee-Jumping sein. Da gibt es Leute, die seit Jahren in der Wüste nach Fossilien suchen, inzwischen zwei Zimmer ihres Hauses als Lager für ihre Funde nutzen. Und Leute, die total begeistert vom Schatten pittoresk einsamer Bäume erzählen, unter dem die Teilnehmer einer Tour gemeinsam picknicken konnten. Kein Tour-Bericht ohne Foto vom Picknick. Andere freuen sich über atmosphärische Bilder von Autos mit Staubfahne vor bizarren Bergen. Oder amüsierten sich über Schnappschüsse von vorwiegend Status transportierenden Geländewagen, die auf Dünenkämmen hängen blieben, sich im Sand festfuhren. Wunderbar muss es sein, wenn alle nacheinander Reifendruck ablassen müssen, durch weichen Sand fahren, dann auf festem Grund die Reifen mit dem Kompressor aus dem Bordwerkzeug aufpumpen. Das allerschönste Gemeinschaftserlebnis: ein Auto in Schwierigkeiten aus seiner misslichen Lage befreien. Alle buddeln, schieben Sandleitern unter die Räder, sind bereit, das Abschleppseil an einen anderen Wagen zu hängen. Spätestens beim Anschieben des havarierten Wagens versteht man, warum auch feste Handschuhe zur notwendigen Ausrüstung gehören: Autoblech in der Wüste ist heiß.

Im späten Frühjahr 2011 stand meine erste Fahrt in die Wüste an. Meinmann packte für uns zehn Liter Wasser in eine große Kühlbox – zur Hälfte flüssiges aus dem Kühlschrank für den sofortigen Gebrauch, zur Hälfte gefrorenes aus dem Tiefkühler für den zweiten Teil des Tages. Dazu hartgekochte Eier, Cracker, zwei fertige Thunfisch-Sandwiches aus dem französischen Supermarkt, kleine Tomaten, Salz, Erdbeersmoothies. Außerdem Datteln und arabisches Gebäck – mit Pistazien gefüllte, dicke, runde Kekshügel. Im Auto Spülmittel, Kompressor, Abschleppseil.

Reserverad sowieso. Eine Sandleiter müsste er sich leihen, ist aber sicher, dass der Führer der Tour zwei dabei hat. Sonnenblocker, Sonnenhut, Handschuhe. Zusammengefaltete Safarisitze. Schirm. Decke. Feste Schuhe. Abaya anziehen, auf den Beifahrersitz hochschwingen. Erneut durch das Tor in der Ringmauer, vorbei am Kontrollposten an der Einfahrt zum Compound, durch Geröll einer neuen Baustelle in den Verkehr einfädeln. Den Treffpunkt an der Stadtgrenze finden. Für uns ohne Navi oder GPS im Auto wieder eine Aufgabe. Mit etwas Glück sind wir pünktlich morgens um 7:00 auf dem vereinbarten Parkplatz, steuern über eine weite, lehmhelle, unbefestigte Fläche hinweg auf vier Geländewagen zu. Im hellen Morgenlicht werden wir erwartet. Raus in den Wind, Abaya kann offen bleiben. Alle begrüßen. Ein Paar, zwei Familien mit zusammen drei Schulkindern und zwei Männer, erfahrene Rambler, die zusammen die Gruppe führen werden. Alles nur flüchtige Bekanntschaften, auf die man sich im Notfall verlassen können müsste. Ein kurzer Austausch über die Straßenverhältnisse, den Verkehr, die Autos. Für mich unerwartet gibt sich einer der Männer vertraut. Bob lebt im selben Compound wie wir, sagt Meinmann. Seine Begleiterin stellt Bob uns vor. Besuch, sagt er. Wüstenliebe, meint Meinmann später. Im Flugzeug nach Riad hätten sie sich kennengelernt, sie junge Medizinerin mit von reichen Saudis nachgefragten Spezialkenntnissen, er älterer Banker. Seine Familie lebt in den USA. Und sie? Dass kümmert hier niemanden. Henry, einer der Führer, kommt auf uns zu, tätschelt Meinmanns Auto: „Guter Kauf." Er entfaltet eine Karte auf der Kühlerhaube, sechs Hände halten das flatternde Papier. Kurz erklärt er den Weg durch die Wüste zum Edge of the World, nennt GPS-Koordinaten. Bilder vom imposanten, saudischen Rand der Welt hatten wir gegoogelt, sind neugierig auf die Wegstrecke dorthin. Henry legt die Reihenfolge der fünf Wagen fest, die den ganzen Tag fraglos eingehalten wird. Weil wir als einzige weder über GPS noch Satellitentelefon verfügen, fahren wir in der Mitte.

Heller Staub wirbelt auf, als sich der kleine Konvoi sortiert. Auf der Autobahn Richtung Norden fahren wir mit Blickkontakt versetzt auf zwei Spuren. Hinter einer Abfahrt zu einem Wadi folgen wir nur kurz einer geteerten Strecke. Dann dreht das erste

Auto ab ins Gelände. Staubwolke. Hinterher auf holperigen Fahrspuren. Irgendwo muss es eine Farm geben. So viele Kamele in abgezäuntem Gelände. Palmen, Akazien, Büsche. Rissiger, fester Lehmboden. Steile, sandhelle Felswände links und rechts. Ein einfacher Holzzaun quer durch die Schlucht, ein offenes Gatter, daneben ein verwittertes, großes Schild. Hier beginnt ein Nationalpark. Daneben steht ein Mann in heller, weiter Arbeitskleidung, den Kopf umwickelt mit farblich passendem Tuch. Er hebt eine Hand zum Gruß, winkt uns weiter. Vor uns eine Ebene in der grellen Sonne. Aber was heißt schon eben. Gelbgrauer Schotter überall. Die Piste kringelt um spitzes Geröll und Felsbrocken, quert staubtrockene Wasserläufe über treppenähnliche Abstiege. Vorsichtig hinunter holpern auf den Flussboden, Löcher möglichst umfahren, auf der anderen Seite wieder hochrucken. Äste von dornigen Büschen direkt an der Fahrspur schleifen kreischend über das Türblech. An den engsten, holperigsten Stellen scheint das Buschwerk immer besonders dicht, die Dornen besonders lang. Manches Flussbett ist so tief, dass die Autos völlig darin verschwinden. Sobald ein Fahrzeug die andere Seite des Wasserlaufs erklommen hat, wackelt das nächste wie ein schwerfälliges Tier in die Tiefe. Wenn die Reihe wieder komplett ist, geht es weiter, auch in die Irre. Trotz GPS und Geländeerfahrung. Um uns Felswände, zersplitternde Tafelberge. Dann steile Hänge voll bröseliger Erdkruste, die aussehen wie frisch gepflügt. Felsabbrüche aus äußerst ordentlich geschichtetem Gestein. In gerade noch erträglicher Schräglage geht es über Geröllhalden auf die nächste Hochebene. Abstandhalten, um vom Vordermann nicht allzu sehr eingestaubt zu werden, den Hintermann nicht aus dem Rückspiegel verlieren. Endlich können wir die Autos auf einer flachen Felsnase abstellen. Nach knapp hundert Kilometern Strecke und gut vier Stunden Fahrtzeit. Ziemlich dicht am Rand des Tuwaiq-Steilabbruchs steigen wir aus. Grandios, der Blick entlang der endlos scheinenden Felskante mit ihren vielen Zacken und Stufen, die nach Nord und Süd im dunstigen Horizont verschwindet. Fast lotrecht geht es vor uns etliche hundert Meter in die Tiefe. Wie ein einseitiger Canyon. In der gleißend hellen Hitze blicken wir hinunter auf weites, plattes, blaßgelbes Land, durchzogen von Grabenlinien, gegliedert durch verstreute Büsche. Alle paar hundert Schritte entlang am Abgrund ändert sich die Aussicht auf andere von Wind und Temperaturstürzen fein gemeißelte Höhenlinien, auf bizarr zerfressene Felsabrisse. Großartige, leere Landschaft. Lebensbedrohlich trocken heute, in anderer Zeit ein Meeresboden. Zwischen dem erwarteten, scharfkantigen Geröll liegen auch runde Kiesel und immer wieder versteinerte Reste von Seegetier. Schwämme, Korallen, Haifischzähne. Sedimentgestein pur. Eine handgroße Meeresschnecke kann ich nicht liegen lassen, muss sie aufheben, mitnehmen.

Zwischen zwei Autos wird sowas wie ein Sonnensegel aufgespannt – ein Stück Zeltplane, das an der Reling der Autodächer fest gebunden wird. Darunter rücken wir zusammen, picknicken Jeder hat etwas zum Anbieten dabei. Muffins, selbstgebacken. Bananenkuchen. Wir reichen diese köstlichen Pistazienkekse herum. Sie werden beargwöhnt. „Oh, is this local stuff?" Dann nehmen wir Aufstellung für das Erinnerungsfoto. Danach wird ausgelost, wer für die nächste Ausgabe der Clubzeitung einen Bericht schreibt. Darin steht dann, dass Bob aus seinem Auto drei farbige (rosa, rot, gelb) Golfbälle, ein Gummi-Tee und einen Driver holte, sich an der Spitze der Felsnase aufbaute und die Bälle in weitem Bogen in die Tiefe schoss. Allgemeine Heiterkeit, auch weil wir uns vorstellen, auf welche bizarren Ideen zukünftige Wüstenforscher kommen könnten, sollten sie die Bälle entdecken.

Zurück im Compound gibt es an der Bar am Pool noch etwas selbstgebrautes Bier – der Rest vom Wochenend-Ausschankabend. Eine kleine deutsche Gruppe findet sich. Erstaunlich, wie viele Firmen hier im Geschäft sind. Darunter die Fraport, die den Flughafen von Riad betreibt oder die EADS, die die saudische Sicherheitszone im Süden, an der Grenze zum Jemen, ausbaut. Die Terroristen, die dort Unterschlupf finden, möchten die meisten Saudis nicht im Land haben. Auch wenn es Landsleute gibt, die Terror finanziell unterstützen. Dazu eine passende Wüstenfahrer-Geschichte: Freunde in drei Autos auf einer mehrtägigen Exkursion werden etwa 150 km vor der Grenze zum Jemen von Militär aufgehalten und dann mit sehr aufmerksamem Geleit in sicheres, nördlicheres Gebiet gebracht.

WINTER BESSER ALS „FRÜHLING"

Hassana hat wohl von unserem Ausflug gehört. Sie verantwortet das Unterhaltungsprogramm im Compound und möchte gern wissen, wie uns die Wüstentour gefallen hat. Deshalb ruft sie mich an, und wir sitzen wenig später an der Pool-Bar vor einem Krug voll Saudi Champagne. Hassana überlegt, eine ähnliche Tour für eine Gruppe aus dem Compound zu organisieren. Das Gespräch driftet ab ins Politische. Ob sie an dem „Freitag des Zorns" auch Zuhause geblieben sei, will ich wissen. „Selbstverständlich", sagt sie. „Obwohl es sicher nicht nötig war. Schon gar nicht in Riad." „Ist hier denn alles, sind alle unter Kontrolle?", frage ich nach. Sie schaut über den Pool, denkt nach, wie sie antworten soll. „Auf abgesperrten Straßen ist demonstrieren unmöglich. Und woher sollen die Demonstranten kommen? Protestgruppen werden nicht in die Stadt gelassen. Und die Saudis vor Ort sind viel zu faul für Aufruhr. Es ist auch kein Gesprächsthema hier", sagt sie mit Nachdruck. „In den ausländischen Nachrichten klingt das anders", werfe ich ein. „Ach, die bauschen das Falsche auf. Libyen ist ein Problem. Syrien. Aber hier will doch niemand die Sauds abschaffen. Dazu geht es doch den allermeisten viel zu gut." Hassana nutzt meine kurze Sprachlosigkeit und wechselt abrupt das Thema. „Wie ist das Wetter in Kanada? Sehr kalt?"

„Im Winter, sicher", antworte ich erstaunt über die Frage. „Sogar sehr, sehr kalt im Vergleich zu hier. Warum?"

„Ich will nicht hier bleiben. Zurück nach Hause, in den Libanon? Was soll ich da? Ich möchte im Frieden leben. Und arbeiten, aber nicht als Mensch zweiter Klasse. In drei Monaten bin ich weg. Ich wandere aus." Es klingt entschlossen.

Ich kann Hassana verstehen. Denn länger als drei, vier Wochen halte ich es in der saudischen Umwelt nie aus, fliege immer wieder davon. Das Gelage, mit dem sich Hassanas Nachfolgerin beliebt machte, habe ich so verpasst. Dem Hörensagen zufolge organisierte sie eine Riesenparty. Die Bewohner des Compounds zogen in Gruppen von Haus zu Haus, von Vorspeisen und Salaten zu Hauptgerichten und Desserts – jedes Gericht in einem anderen Haus. Die unterschiedlichen hausgemachten Weine, eingeschmuggelte Wodkas und Whiskys wurden alle probiert, genauso wohl auch die Bereitschaft zum gelegentlichen Partnerwechsel. Alle, die dabei waren, fanden es genial. Dieses leicht schmierige „Sie werden Saudi-Arabien lieben", mit dem ich begrüßt wurde, kam mir wieder in den Sinn. Nein, dachte ich, schon gar nicht wegen dieser Besäufnisse. Aber vielleicht doch, fasziniert von der Wüste, der Fremdheit.

Ein anderes Gemeinschaftserlebnis: Eine gesittete Family-Tour für in Riad lebende Ausländer. Es ging nach Shaqra, einer alten Lehmhäuserstadt. Meinmann und ich setzten uns nicht mit in den Bus, sondern in unseren Wüstenflitzer, bereit zu Autobahn-Extratouren durch das unbekannte Land. Neue Brücken führten über tiefe, schroffe Wadis bis wir in einer weiten Kurve durch immer höher ragende, bröselige Felsschichten hinunter in die Ebene fuhren, in der irgendwo Bobs bunte Golfbälle liegen mussten. Dort folgten wir an die hundert Kilometer dem großen Landabbruch, sahen von unten auf die lange Kette von Tafelbergen, Geröllhalden, Felstürmen. Der spärliche Überlandverkehr auf der neuen, vierspurigen Straße erlaubte uns lange Blicke.

Vor den glatten Lehmmauern von Shaqra trafen wir die Gruppe aus dem Bus. Saudische Frauen und Mädchen erwarteten uns, um in der alten Stadt restaurierte Häuser zu zeigen. Große Lehmbauten, in denen ihre Eltern und Großeltern gelebt hatten. Jetzt Wochenendhäuser und vermutlich auch kostspielige Prestigeobjekte. Die hohen Wände mit ihren vielen Zinnen, die zahllosen Terrassen benötigen viel Pflege. Mauern aus Lehm verwittern schnell, bekommen Risse von Sonne und Wind, verschlammen im Regen, müssen häufig nachgebessert werden. Mit Betonwänden und Klimaanlage lebt es sich einfacher. Viele Siedlungen wurden deshalb verlassen. Auch Shaqra wurde aufgegeben, entsteht wieder neu. Mit plätschernden Brunnenanlagen, überdachten Wegen zu musealen Schulgebäuden, Wehrtürmen an den Toren der erneuerten Stadtmauer. Alles aus hellem, kühlendem Lehm. Fast die Hälfte der Siedlung scheint wieder intakt.

Dank erwachtem, historischem Bewusstsein treiben begüterte saudische Familien die Restaurierungen voran. Der Stolz der Frauen auf gerettete Beweise von Tradition mischt sich mit dem Wunsch nach Anerkennung durch Menschen aus anderen

Kulturkreisen. Gastfreundlich und auskunftsfreudig werben sie bei uns um Sympathie für Arabien.

Also betraten wir durch ein dunkles Viereck in einer Mauer eines der restaurierten Gebäude. Eine schwere Tür aus hellem Holz lehnte dicht an der Innenseite des Hauses. Offizielle Begrüßung in einem fensterlosen Raum mit fest getrampeltem Boden, einigem dekorativen landwirtschaftlichen Gerät aus dunklem, faserigem Holz. Es roch nach feuchtem Ton. Licht aus einem Innenraum fiel durch geöffnete Türen auf Flechtkörbe voller Datteln auf improvisierten Tischen. Heller arabischer Kaffee floss aus Metallkannen in kleine Plastikbecher, wurde herumgereicht. Wir durften uns umschauen, überall, ohne Einschränkung. Lange stand ich bewundernd im halboffenen Lagerraum für Lebensmittel, schattig und doch taghell. Vorratskörbe und Ledersäcke für Wasser hingen an den Wänden, zwischen Pfosten. Durch kluges Bauen zirkulierten hier Luftströme, die eine unerwartete, angenehme Kühle verbreiteten. Im nebenan liegenden Hof befand sich ein breites, steinernes Becken mit einem Reststückchen Seife, einer fast aufgeriebenen Wurzelbürste und einer Konzession an die moderne Zeit: Fließendes Wasser aus einer chromglänzenden Armatur. Daneben ein niedriger Bretterverschlag mit einer modernen Toilette, in dem jegliches Licht fehlte. Die Taschenlampe aus Meinmanns Auto ging durch viele Hände. Wir durchstreiften eine kaum überschaubare Folge von Räumen, Gängen, Treppen, Terrassen um das Zentrum des Hauses: der Empfangsraum, groß, hell, offen bis zum flachen Dach. Am Boden bunte, dicht geknüpfte Teppiche. Entlang der weißen Wände Sitzpolster mit festen, hohen Lehnkissen für den Rücken und niedrigen für die Unterarme. Oberhalb der Kissen hingen bunte Wollgewebe, gerahmte Fotos, Ornamente aus farbigen Stoffen. Niemand kam auf die Idee, diesen freundlich stimmenden Raum mit Schuhen zu betreten. Sehr bald lagerten die ersten Besucher entspannt auf dem Boden, fotografierten mit ihren Smartphones die arabische Inneneinrichtung, während Kinder auf dem weichen Teppich spielten. Wohlgefühl, auch weil die selbst ernannten saudischen Fremdenführerinnen nicht erwarteten, dass wir ihre Erklärungen über das Wer-wann-wie-wohin der Geschlechtertrennung befolgen würden.

Durch ein Tor in der Hofummauerung folgte ich einer unserer Führerinnen zur hochgelegenen Terrasse eines anderen Hauses, zu der wir über eine lange Treppe entlang einer hellen Wand aufstiegen. Vom Blick über die vielen, halb verfallenen Lehmbauten blieb der Eindruck, dass sich die Siedlung in der Ferne von den nächsten Felsen, Sandbergen kaum unterscheiden ließ. Farbe als Versteck. Als unangenehm behielt ich nur die vielen Treppenstufen in Erinnerung. Aus Lehm und Palmstroh sind sie abschüssig geformt, damit Wasser keine Pfützen bildet, sofort weiter fließt, keinen Schaden anrichtet, weiter unten aufgefangen werden kann. Ich ging diese abschüssige Treppe sehr vorsichtig hinunter, als jemand an meiner Abaya zupfte. Eine Stufe hinter mir stand eine Frau, bis auf zwei etwas trübe, dunkle Augen unter faltigen Lidern schwarz verhüllt, daneben zwei Mädchen in Jeans und farbigen T-Shirts. Die Frau sprach freundlich auf mich ein, hielt mich dabei an der Abaya fest. Also schaute ich freundlich zurück, bedauerte auf Englisch, sie nicht zu verstehen. Darauf zipfelte sie am T-Shirt des älteren der beiden Mädchen herum. „My English is not very good", sagte das Mädchen etwas verlegen. „My grandmother wants to show you something." Wir nickten uns zu, lächelten. „Thank you, that's very kind." Mit Gesten bat ich die Großmutter und ihre Enkelinnen vorauszugehen und folgte ihnen auf mit großen, hellen Steinquadern belegten Wegen, vorbei an Mauervorsprüngen zu einer noch weiter hinab führenden Treppe. Unter einem Mauerüberhang, an einer fast türgroßen, dunklen Öffnung, blieb die Großmutter stehen, bedeutete mir, an ihr vorbei durch das Mauerloch zu gehen. Ich zögerte. Einen Moment dachte ich mitten in der Wüste nicht an Märchen aus Tausendundeiner Nacht, sondern an Hänsel und Gretel, sah vor mir ein Ofenloch im Hexenhaus. Das Mädchen schob sich an mir vorbei. „I am thirteen", sagte sie ohne für mich erkennbaren Grund. „Come on." Nach ein paar schlecht beleuchteten Stufen standen wir in einem großen, leeren Raum mit niedriger Decke. Licht fiel durch einen matt verglasten Fries in einer Mauer. Ringsum sonst nur weiße Wände, dazwischen einige dicke Säulen aus hellem Stein, die das Gebäude über diesem Keller trugen. Am Boden nichts als Teppich, orientalisch gemusterter, heller Teppich. Die alte Frau stand plötzlich neben mir, zupfte wieder an meiner Abaya und drehte sich dann mit einer ausholenden Handbewegung um die eigene Achse. Ihre Abaya schwang der Bewegung hinterher. Sie war froh über diesen Raum. Vielleicht gab es ihn noch nicht lange wieder, den köstlich kühlen Gebetsraum für Frauen im Sockel der Moschee über uns. Ich fühlte mich geehrt, hierher geführt worden zu sein, neigte den Kopf mit der rechten Hand am Herz. Ich ging von Wand zu Wand, betrachtete die Säulen, den Teppich. Wieder in der Sonne sagte ich nochmals ausgiebig Danke. Und wunderte mich, dass die Dreizehnjährige keine Abaya trug. Vielleicht gelten an einem Tag ohne saudische Männer, nur mit ausländischen Familien, etwas andere Regeln. Die verschleierte Großmutter fand an ihrer nicht korrekt gekleideten Enkelin spürbar Gefallen.

ÜBERHAUPT: KINDER, JUGENDLICHE

In einer Mall in Riad kichern zwei kleine Mädchen haltlos, als sie neben mir im gläsernen Fahrstuhl stehen, schauen auf meine Haare, zeigen mit kleinen Wurmfingern auf mein Gesicht. Die verhüllte Mutter sagt nichts, wendet mir den Rücken zu, schaut konzentriert zu den vorbeiziehenden Schaufenstern.

Ebenfalls in Riad sitzen wir an einem Mittag in einer Nobel-Cafeteria, Family Section, wo sonst. Am Tisch neben uns eine Familie mit Teenager-Tochter und kleinem Sohn. Die Eltern in traditioneller Kleidung, die Mutter zeigt Gesicht, schaut verärgert. Der Vater schimpft. Die Tochter soll ihrem Bruder beim Essen helfen, hat dazu aber wenig Lust. Nach einigen Wortwechseln steht die Tochter betont langsam auf, schüttelt dabei ihre sehr langen, offenen Haare zurück, umrundet einmal den Tisch, um zu ihrem Bruder zu gehen. Sie zeigt dabei den anderen Gästen ihre langen Beine in Jeans unter der nachlässig geschlossenen Abaya. Pubertät auf saudisch.

Im Souk von Taif, in der Provinz, nicht weit von Mekka, ernte ich viele erschrockene Blicke junger Frauen. Stark geschminkte Augen, umrahmt von schwarzem Tuch, weiten sich und wenden sich schnell ab. Ich bin trotz hoch geschlossener Abaya das ganze Gegenteil: Augen versteckt hinter einer Sonnenbrille, sichtbarer

Pferdeschwanz. Ein Auftritt, den ich in dieser Stadt ohne westlichmännliche Begleitung nicht durchgehalten hätte. Anzügliche Blicke der Verkäufer hinter den Gemüsetheken, in den Goldläden, tadelndes Kopfschütteln alter Männer begleiten mich. Meinmann nimmt es gelassen. Wir gehen in einen Elektronik-Laden, um eine Batterie für seine Kamera zu kaufen. Hinter uns stürzen drei Jugendliche in den Laden, reden aufgeregt mit dem Ladenbesitzer. Der schaut sie kurz an, zuckt mit den Schultern. „Americanos", erklärt er unser, beziehungsweise mein Aussehen. Die jungen Männer verlassen den Laden, bleiben aber vor dem Schaufenster stehen und betrachten uns wie seltene, gefährliche Tiere.

Auch in einem modernen Einkaufszentrum erregen wir in Taif Aufmerksamkeit. Weil wir die erste abendliche Gebetszeit abwarten müssen, bevor wir Essen gehen können, haben wir uns in einer Passage an einen kleinen Blechtisch gesetzt. An zwei Nachbartischen spielen fünf Kinder. Eine schwarz verhüllte Frau passt auf sie auf. Wir unterhalten uns auf Deutsch. Ein Mädchen tobt immer öfter an uns vorbei, schaut uns an, bleibt manchmal vor uns stehen, lächelt breit. Eine zweite schwarz zugehängte Frau geht zu den Kindern. Das Mädchen läuft zu ihr, hält sich an ihr fest, zeigt auf uns, redet. Die Frau setzt sich an den Nachbartisch, das Mädchen schmiegt sich an sie. Beide mustern uns freundlich. „Wo kommen Sie her?" fragt uns die Mutter auf Englisch. Wir antworten. „Also Deutsche?" versichert sie sich. Sie nimmt den Gesichtsschleier ab. „Da hat Afiaa ja richtig gehört. Ich habe einen Bruder in Deutschland. In Braunschweig. Vor vier Jahren haben wir ihn besucht. Afiaa auch. Sie hat die Sprache wieder erkannt." Ein kurzer Seufzer, dann: „Deutschland ist sehr schön." Bis zum Ende der Gebetszeit unterhalten wir uns, beantworten Fragen nach dem woher und wohin. Ob es uns in Saudi-Arabien gefällt, will sie nicht wissen. Wenn ich mich richtig erinnere, hat uns das kein Saudi je gefragt. Wir wünschen zum Abschied Glück und sie „Auf Wiedersehen."

Wieder einmal im Flugzeug von Dubai nach Riad, mit Saudi Air, finde ich es irgendwie beruhigend, dass nicht auch noch die Stewardessen schwarz verschleiert sein müssen. Denn noch steckt meine Abaya im Bordgepäck. Ich habe einen Gangplatz in einer Vierer-Reihe. Drei Sitze sind schon belegt. Neben mir ein

Mann in Weiß und Rotkariert, dann ein kleines Mädchen in einem rosafarbenen Rüschenkleid, am anderen Gang eine schwarz verhüllte, schlanke, junge Frau. Figur, Haltung, Bewegung unter dem fließenden Stoff verraten viel mehr als ich mir hatte vorstellen können. Als ich mich setze, steht der Mann auf, tauscht mit der Frau den Platz. Die schaut auf den Film auf der großen Leinwand direkt vor uns. Ich auch. Und glaube es kaum. Saudi Air zeigt Panoramabilder vom deutschen Wald, von Schlössern in Bayern, von grünen Wiesen. Hubschrauber-Perspektiven ohne jede Erläuterung, einfach nur, um auch schon vor dem Abflug die Passagiere zu unterhalten. Ich wende mich an meine Nachbarin, sage, dass ich aus dem Land komme, das da zu sehen ist. „Ist es immer so grün?" will sie wissen und wir beginnen eine Unterhaltung über Wetter, Wälder und Laubbäume im Winter. Das kleine Mädchen späht um die Mutter herum, betrachtet mich mit großen, dunklen Kinderaugen immer wieder und sehr genau – eine Frau in hellen Chinos, blauem Pulli, buntem Schal und offenen Haaren. Nach einer Weile fängt sie an, an den beiden Haargummis zu ziehen, die ihre kurzen Locken über den Ohren zusammenbündeln. Sie schafft es, einen Moment mit offenen Haaren zwischen ihren Eltern zu sitzen. Doch die Mutter nimmt die Gummis, streift die Haare ihrer Tochter wieder zusammen. Die protestiert, weint. Ich fühle, dass ich die Ursache für den familiären Unfrieden bin. Die Mutter redet sanft auf die Tochter ein, die immer wieder versucht, ihre Haare von den Gummis zu befreien. Als der Landeanflug angekündigt wird, stehe ich auf, wurstele meine Abaya aus dem Gepäckfach. Die Mutter hat einen Arm um die Tochter gelegt, zeigt auf mich, wie ich die Abaya überziehe, erklärt leise was auch immer. Vermutlich, dass auch ich mich an saudische Benimmregeln halte und dass offene Haare nur in grünen Wäldern akzeptabel sind. Ich schaue freundlich zurück, hole zwei dicke Hornspangen aus meiner Handtasche, drehe meine Haare zu einem Knoten, den ich festklammere. Das kleine Mädchen schaut zu. Ich wundere mich über mich selber. Das war kein Plädoyer für persönliche Freiheiten, sondern Empathie für eine saudische Mutter in Erziehungsnöten. Wie komme ich denn dazu? Am Gepäckband sehe ich die Familie nochmal. Das kleine

Mädchen thront auf dem Arm des Vaters, sieht gebannt auf die Kofferrutsche. Dass ich meine Haare schon wieder offen trage, bekommt sie nicht mit. Aber die Mutter sieht mich, zwinkert mir zu. In ihren Augen sehe ich ein dankbares Lächeln.

MADA'IN SALEH BEI DER BAGDAD-BAHN

Aus der Oase Al Ula haben wir Datteln mitgebracht, die wie weiche Karamellen schmecken – Fudge mit kleinem Kern. Eingekauft nach drei Tagen unterwegs mit einer sehr gemischten, kleinen Reisegruppe: Saudis, überwiegend Frauen, und Expats aus Asien, USA, Europa. Familien, Paare, Solos. Alter zwischen acht und 70 Jahren. Literaturprofessorinnen, Ökonomie-Studenten, Leute von Botschaften, aus der Industrie, Ärztinnen. Unser Ziel ist Mada'In Saleh, die Nekropole der Nabatäer, auf die wir im saudischen Nationalmuseum neugierig geworden waren. Anders als die touristisch erschlossenen Ruinen von Petra gilt Mada'In Saleh noch als Tipp für Eingeweihte mit saudischer Reiseerlaubnis. Immerhin registriertes Weltkulturerbe. Das einzige im Königreich.

Der Weg von Riad dorthin führt zunächst nach Medina. Aus dem Flieger Blick auf Sandmeere, aus denen Felsen aufragen, in denen runde, grüne Inseln liegen. Kreiselbewässerte Felder. Wie Petrischalen auf weißen Labortischen. Ab Medina weiter mit dem Bus. Der macht Umwege um die Stadt, weil Ungläubige an Bord sind. Der religiös begründete Sperrbezirk würde immer größer, erzählt ein Saudi und es klingt nach Bedauern. Den Bus begleiten zwei Polizeiwagen. Nicht nur in Medina, auf der gesamten Reise. Das verlängert die Fahrtzeit, denn wir müssen über Land fahren, statt auf einer neuen Schnellstraße, öfter auf eine formularintensive Ablösung der Eskorte warten. Den neuen Regionalflughafen in der Nähe der Oase konnten wir noch nicht nutzen. Dafür sehen wir eine Menge eigenartiger Landschaften. Um Medina liegen lange Rippen schwarzen, brockigen Lavagesteins auf weiten, hellen, leeren Flächen. Sie türmen sich auf, verwehen als schwarze Bodenschleier, verschwinden. Am Horizont kegelige Berge. Bei Al Ula dann weißer Sand wie Schnee in schroffen, rötlichen Felsformationen, von bizarr über surreal bis drollig und verzaubert. Steinerne Pilze, Hühner, Krokodile, Treppen, Kuhfladen, Gesichter. Am Fuß hoher Felsen liegt unser Hotel. Dort erwartet uns eine Gruppe junger Männer mit hochmotorisierten Geländewagen, um uns zu einem Aussichtspunkt zu fahren. Wir steigen eilig um, denn die Sonne steht schon tief. Auf steilen Serpentinen geht es hoch an den Rand des Talabbruchs. Beim Aussteigen viele laute Ahhs und Ohhs wegen des Blicks in die Ferne und leise Bemerkungen über den tollkühnen Fahrstil der jungen Saudis. Unter uns liegt ein grüner Pelz aus Millionen von Dattelpalmen. Wir sehen die alte, verlassenen Oasenstadt und die neue mit beleuchteten Straßen, modernen Zweckbauten. Das Tal verzweigt sich. Karawanenwege von Arabia Felix im Süden zum Mittelmeer durch ein bis zum Horizont eng gezacktes, abendsonnenrotes Gebirgsland.

Wieder auf dem Parkplatz am Hotel halten wir neben einem Hochzeitsauto: mit Schleifen und Bändern geschmückt, mit weißem Schaum besprüht, auch alle Fenster. Nur auf der Windschutzscheibe vor dem Lenkrad ein herzförmiger Durchblick. In einem separaten Bau auf dem Hotelgelände herrscht passende, westlich anmutende Ausgelassenheit. Die Frauen feiern. Vermutlich wird auch ein Hochzeitsfoto in der lokalen Zeitung veröffentlicht. Darauf werden die Väter der Brautleute zu sehen sein, andere wichtige männliche Familienmitglieder, der Bräutigam. Nicht das Paar, keine Frau. Darüber komme ich beim Abendessen mit einer saudischen Literaturprofessorin ins Gespräch. Ich denke an Faust, Romeo und Julia, Lolita, überlege, ob es abschreckende Beispiele für westliches Verhalten sind? Meine Frage, wie Literatur aus dem mir vertrauten Kulturkreis, sogenannte Weltliteratur, vermittelt würde, beantwortet sie mit einer Leseempfehlung: Saudische Autoren. Nach den genannten Titeln suche ich ein paar Tage später in Riad und im Netz vergeblich.

Nach Mada'In Saleh fährt der Bus über frisch geteerte Straßen, über aufgeschüttete Pisten, über Geröll durch die mal pittoresk verwitterten, mal glatt aufgeplatzten Sandsteinfelsen, bis sich ein trockener Talgrund öffnet. Ein Schlagbaum in menschenleerer Gegend. Zufahrtskontrolle, die wir schnell passieren können, denn unser Bus ist angemeldet, der Eintritt bereits bezahlt.

In der Ebene vor uns riesige Monolithe, Felsenkränze, Klippen. In das weiche Gestein haben die Nabatäer Grabhöhlen gehauen. Noch heute säuberlich rechteckige Tore als Zugänge, der Fels ringsherum glatt abgeschliffen. Von mehr als hundert Grabhöhlen sehen wir vielleicht zwanzig an verschiedenen Standorten. Wir laufen um Felsen herum, von einer Höhle zur nächsten, durchqueren langsam stapfend tiefen Sand, steigen durch schmale Schluchten. Immer wieder Durchblicke auf helle Ebenen und dunkle Gebirge. Unterwegs, im Schatten, fliegen kleine Vögel auf, stehen Silberdisteln mit kleinen Blüten, nicht größer als ein Fingernagel, sehen wir Spuren von großen, unbekannten Krabbeltieren. Unser Führer durch das Gelände weiß nichts über Fauna und Flora, staunt nur über die Fragen. „Wir können noch viel lernen", meint er. In den Grabhöhlen gibt es nichts Sehenswertes. Schlicht behauener Stein, im Übrigen leer. Was fasziniert, ist das Äußere: Diese Mischung aus feinen Steinmetzarbeiten auf makellos glatten Flächen und den von Wind, Sonne und Sturzregen zu steinerner Klöppelspitze verwitternden Klippen. Die wiederkehrende Überraschung, wenn zwischen Wackelsteinen auf leicht zerbröselnden Schichtungen und Versammlungen hochragender Felsfiguren auf dicken Quarzbändern die schwarzen, menschengemachte Öffnungen erscheinen. Über den Zutritten zu den Grabgelegen immer ein Relief wie eine Krone. Wenigstens zweimal fünf Stufen, die links und rechts über der Türöffnung steil in Richtung Himmel führen. A stairway to heaven. Manche Portale schmücken außerdem Ornamente, etwa persische Rosen oder römische Adler. Es sind kulturelle Mitbringsel der weit gereisten Händler, die in den zwei Jahrhunderten um die Zeitenwende durch die Nachfrage nach Weihrauch wohlhabend wurden.

Nachdem die Römer begonnen hatten, den einträglichen Handel zu kontrollieren, verschwanden die Nabatäer. Kenner ihrer Geschichte vermuten eine rasche Assimilation, um weiter im Geschäft bleiben zu können und berichten von nabatäischen Spuren in Rom. Kenner: Dazu gehören Leute in Riad, die sich aus lauter Langeweile zu anerkannten Hobby-Archäologen entwickelten. Sie sagen, die Nabatäer hätten den Glauben an ein himmlisches Leben und die dorthin führenden Stufen aus Babylon übernommen.

Vieles erkunden wir allein, gerade mal in Sichtweite zu anderen Mitreisenden, in Hörweite zum Bus, der uns zur Weiterfahrt zusammenhupt. Als wäre das Areal von Mada'In Saleh für uns reserviert. Nur vor dem größten Grabmal treffen wir auf ein paar Geländewagen mit wenigen weiteren Besuchern. Das dürfte sich bald ändern. Denn vom Bus aus sehen wir Straßenbaumaschinen, Lastwagen, neu aufgeschüttete Straßendämme aus rotem Sand. Dazu hören wir von unseren saudischen Begleitern, dass das historische Gebiet besser erschlossen werden soll. Zunächst vorgesehene Teerstraßen habe der Weltkulturerbe-Ausschuss erfreulicherweise verboten. Deshalb würden jetzt Pisten aus besonders festem Sand angelegt. Ob westliche Besucher dann hier willkommen wären? „Geschäftsleute vielleicht. Aber sonst?", meint eine mitreisende Saudi. „Es kommen mehr als genug Fremde als Mekka-Pilger ins Land. Die etwas Zeit und Geld haben, könnten nicht nur Mada'In Saleh besuchen. Sondern auch den alten Bahnhof bei Al Ula."

Alter Bahnhof? Hier? Also bringt uns der Bus auch dorthin und wie immer begleitet uns Polizei. Ob sie extremistische Sunniten oder Schiiten von uns fernhalten sollen? Ob sie es überhaupt könnten? Jedenfalls wollen die saudischen Behörden möglichen Ärger vermeiden, wie jeden Aufruhr. Keinen Bürgerkrieg wie in Syrien. Als Ruf nach mehr Demokratie werden die religiösmachtpolitisch motivierten Auseinandersetzungen im Orient vom Westen etikettiert. Aber trifft das so einfach zu? Wie funktioniert Demokratie in Stammesgesellschaften? Was ist, wenn in Bahrain die Mehrheit der Schiiten das Sagen bekommt? Kommt es dann zu Aufständen überall an der arabischen Küste des Golfs? Würde der Iran eingreifen? Angst geht um, vor dem Überschwappen von Feindlichkeiten, vor sunnitischen wie schiitischen Extremisten. Dazu noch die Palästinenser in Konfrontation zu Israel. Dass Saudi-Arabien Systeme zur Grenzsicherung kauft und sich auch sonst für Krieg rüstet, sollte niemanden wundern. Dass Waffengeschäfte auch mit Deutschland gemacht werden, eigentlich auch nicht. Deutsche Ingenieurkunst steht hier schon lange hoch im Kurs.

Solche Gespräche kommen auf, während wir zu einem Haltepunkt der historischen Hedschasbahn fahren. Hedschasbahn, so heißt der Abzweig der Bagdad-Bahn von Damaskus nach Medina. Geplant und gebaut von deutschen Firmen. In dieser trockenen, sandigen, heißen Gegend wurden vor einem Jahrhundert fast 1600 km Gleise verlegt, Bahnhöfe errichtet. In nur acht Jahren Bauzeit ab dem Jahr 1900. Respekt. Gleise und Lokomotiven kamen aus Deutschland, die Güterwagen aus Belgien. Und dann begann der Erste Weltkrieg. Lawrence von Arabien mit seinen Beduinen sprengte die Strecke. Die überwehte Trasse zieht heute eine seltsam gerade Linie in die wellige Ebene. Und Gleisstücke ragen als Träger aus Flachdächern in Al Ula.

Halt zwischen Baumaschinen vor ein paar einstöckigen Holzschuppen. An der Restaurierung des ehemaligen Dampflokbahnhofs wird im Frühjahr 2012 noch gearbeitet. Ein Gleisstrang säuberlich eingefasst von befestigten Flächen. Bahnsteige vor noch verschlossenen Gebäuden mit dem Charme europäischer Vergangenheit. Nostalgische, zweiarmige Gaslaternen, neu, stehen wie gerade vom Himmel gefallen in der Kulisse von kahlen Bergen, von sandhellen Hügeln, besprenkelt mit graugrünen Büschen. Nach einigem finanziell unterstützen Zureden unserer arabischen Begleiter öffnen Arbeiter den neuen alten Lokschuppen. Da steht sie – eine über hundert Jahre alte Lokomotive aus Langenfeld. Zum Wundern weiß sind die Laufflächen der Räder gestrichen. Alles andere glänzt grün und schwarz und rot. Glänzt, hier im staubsandigen Gelände. Andächtig umrunden wir die mächtige Maschine. Globalisierung damals.

Mit der touristischen Erschließung wird dann auch diese Gegend vom Plastikmüll umweht werden. Dünne Tüten werden sich an Büschen und Stacheldraht verhaken, auch hier im dauernden Wind flattern. Wasserflaschen dörren dann neben leer gegessenen Pizza-Kartons. Doch soweit ist es noch nicht. Der Bus fährt uns zu einer völlig plastikfreien Fläche, die als Fundstätte für kartoffelgroße Quarzstücke bekannt ist. Der Fahrer meint, nicht am Straßenrand parken zu können und fährt vielleicht fünfzig Meter in die mit Geröll übersäte Ebene. Steine suchen – ein zumindest ungewöhnlicher Programmpunkt. Meine Abaya flattert so heftig im Wind, dass ich die Saumenden in Kniehöhe an meiner Umhängetasche festknote. Mit befreiten Beinen storche ich über das topfebene Gelände, sehe Reste von Lagerfeuern, Kamelkadaver. Und dann bücke ich mich, wie alle anderen. Ob es an der Menge eingesammelter Quarzknollen lag oder an schlichtem Unvermögen, dass der Busfahrer sich beim Wendemanöver festfuhr? Jedenfalls kam der Moment, an dem wir froh über unsere Polizeieskorte waren. Während die Räder des Busses im Sand verschwanden, machten sich zwei Polizisten mit einem Auto auf die Suche nach Hilfe. Das andere wurde augenfällig vor den Bus gestellt. An der Straße wurde ein Lastwagen angehalten. Doch der fuhr nach einiger Zeit weiter und mit ihm verschwand das Polizeiauto. Hektisches Mobiltelefonieren der Organisatoren und jede Menge gute Ratschläge für den Busfahrer. Nach etwa zwanzig Minuten tauchen die jungen Männer mit ihren Geländewagen auf. Wir steigen bei ihnen ein, als der Polizeiwagen wiederkommt. Dahinter nähert sich ein Straßenbaugerät aus dem Tal von Mada'In Saleh. Lang und schmal wie ein Insekt, mit dicken Reifen, die der Maschine an weit auseinanderliegenden Achsen voraus und hinterher rollen. Offensichtlich sandtauglich. Zwei beige Stoffbahnen – vermutlich keine Bettlaken, aber sie sehen genauso aus – werden zu einem Zugband verdreht und verknotet, der Bus an das Insekt gehängt.

Als wäre nichts gewesen, steht der Bus wenig später vor dem Palmenhain, in dem wir arabisch picknicken. Auf hohem Gras zwischen zwei Baumreihen, zwei Bewässerungsgräben, liegen für uns dunkle Orientteppiche und rote Armlehnpolster. In großen Kühltaschen stehen Getränke in Dosen und Plastikflaschen. Aus einem Jeep holen junge Männer silbrige Tabletts, die sie vor uns auf die Teppiche legen. Frischhaltefolie wird zusammengeknüllt, befreit hohe Haufen von Grünzeug am Stück: viele verschieden große, grüne Blätter, fleischige Ochsenherztomaten, Frühlingszwiebeln, lange Peperoni. Auf der nächsten großen Platte ein Berg Reis, mit safrangelben Tupfen und gebratenen Hühnerteilen. Alles lässt sich mit Fingern greifen, auch der wohlschmekkende Reis, der auf Klößchen-Format zusammengedrückt werden muss. Zwar gibt es Plastikteller und Gabeln. Aber nur, um darauf abgenagte Knochen zusammenzuschieben. Nachtisch holen wir von Bäumen, die im Schatten der hohen Palmwedel gut wachsen. Mangos und Mandarinen. Saft läuft über die Finger. Mit klebrigen Händen wird nach Papiertaschentüchern gesucht. Wasser? Nur ein Rest in einer Flasche.

Die Gebirge um Al Ula bieten noch eine weitere Picknick-Kulisse: den rosasandfarbenen Elefantenfelsen. Geländewagen fahren durch das gewaltige Felsentor, das den Rüssel vom Körper des Elefanten scheidet. Sie sehen dabei lächerlich klein aus. In einiger Entfernung gibt es zwei, drei Lagerfeuer im Sand. Vor hellen Felsformationen schwarze Tupfen von Abaya-Silhouetten. Ein Ausflugsziel auch für Saudis. Meinmann und ich rutschen durch den Sand, stapfen um hohe Felshaufen. Um uns nichts als grandiose Landschaft aus sanften Dünen und bizarrem Gestein. Wir treffen die Mitreisenden an einem der Lagerfeuer. Rundherum Teppiche, ein paar Lehnkissen. In der Mitte, im glühenden Holz, stehen Metallkannen mit arabischem Kaffee. Teller mit gefüllten Datteln und Gebäck wie Mutzenmandeln kreisen. Vom Jeep, der Teppiche, Feuerholz, Verpflegung brachte, ist ebenso wenig zu sehen, wie von unserem Bus. Beide stehen hinter Felsen versteckt, um die arabische Wüstenabendstimmung nicht zu stören. Wie bestellt, galoppiert neben dem Elefantenfelsen ein einsamer arabischer Reiter auf. Ein dunkelbraunes Pferd mit hochgestellt wehendem, schwarzem Schweif, darauf eine weiße Gestalt. Sie fliegen vorbei, Richtung Abendrot. Der erste Stern am dämmerblauen Himmel funkelt dort.

In später Nacht dann Mail- und Nachrichten-Check im Hotel: Weit weg wurde der Genfer Autosalon eröffnet. Mit der Überschrift drängt sich mir die Frage auf: Wie machen die Saudis Werbung für Autos, ohne Frauen, die sich knapp bekleidet auf Kühlerhauben räkeln? Meinmanns knappe Antwort: Mit Protz. Also mit PS, noch besser: mit Newtonmeter, und Innenausstattungen aus teuerstem Holz, weichem Leder, appliziertem Gold. Oder mit Familie. Das heißt Vater – nur Vater – mit hübschen Kindern im neuen Auto auf dem Weg zur Schule, zum Zoo. Das passt zur Realität. Auch beim englischsprachigen Kindergarten des Compounds habe ich Männer in Landestracht ausgemacht. Väter kleiner Jungs, die hier früh Englisch lernen sollen.

Werbung muss auch sonst mit Bildern ohne Frauen auskommen. Dass selbst der Ikea-Katalog deshalb für Arabien überarbeitet werden musste, hat sich herumgesprochen. Einkaufen dürfen Frauen dort allerdings sehr wohl. Ich habe die schwarzen Gestalten zwischen Billy und Klippan gesehen, zusammen mit ihren Männern. Sie befühlten, probierten, diskutierten gemeinsam. Es sah aus wie überall.

Ob mehr Demokratie für die saudischen Frauen etwas ändern würde? Käme mit dieser Regierungsform automatisch Gleichberechtigung? Demokratie geht nicht unbedingt mit Menschenrechten für alle einher. Unmündige Schutzbefohlene, zum Beispiel Kinder, haben auch in der Demokratie keine Stimme. Das galt auch in Europa lange für Frauen, am längsten in der Schweiz mit ihren extra-demokratischen Volksabstimmungen. Was bringt arabische, islamische Männer-Demokratie? Und wem? Worauf hoffen die jungen Saudis, die bei der Bewirtung in Al Ula halfen, ihr Englisch probierten, uns chauffierten, steile, kurvige Straßen mit ihren Geländewagen ohne Motorbremse hinunter tobten? Wenn sie am Abend westliche Jacketts aus Wollstoff über ihre mit Nieten verzierten, figurnahen, bodenlangen Hemden in Zimtbraun oder Jeansblau zogen, am Lagerfeuer etwas näher rückten, dann sprachen sie von der Suche nach mehr persönlicher Freiheit. Für sich. Für ihre Generation. Demokratische Mehrheiten für konservative Religionsführer dürften ihnen kaum weiter helfen. Eher ein König wie Abdullah, der im Frühjahr 2013 erstmals Frauen in die beratende Schura-Versammlung berufen hat. – Viele kleine Schritte führen manchmal weiter, als ein großer Sprung.

Am Rande der schattigen Altstadtgassen der Oase Al Ula stehen wir bei einem verfallenen Brunnen. Meinmann geht über ein paar Steinplatten auf einen Torbogen zu, der vor einer runden Mauer aus geschichteten Steinen steht. Unser junger Führer grinst. „Da dürfen Sie nicht durch. Das ist der Zugang zum Brunnen für Frauen. Nur für Frauen." In den Ruinen macht es keinen Unterschied mehr, aber er ist noch zu sehen, der andere Zutritt für Männer. Wieder einmal tun sich Welten auf – kulturelle Unterschiede mit langen Traditionen: Als ich von unseren

Brunnen im Mittelalter erzähle, wo sich junge Leute beim Wasserholen begegneten, wo Brunnen deshalb besungen wurden, kann es mein Gegenüber kaum glauben. „Und heute?" will er wissen. „Wo lernen sie sich jetzt kennen? Es gibt doch bei Euch keine Brunnen mehr." „In der Schule", sage ich, „an der Universität, bei der Arbeit." „Schon in der Schule?" wundert er sich. Koedukation scheint weiter weg als die Sonne. „Unterricht gemeinsam? Es muss wunderbar sein, zu sehen, was Mädchen so machen", mischt sich ein anderer Saudi ein. „Sowas gibt es hier nicht. Aber es war nicht immer so extrem. Es war anders, als ich klein war. Ich weiß noch, dass meine Mutter ohne Gesichtsschleier aus dem Haus ging. Da haben wir noch hier in den Lehmhäusern gewohnt." Eine Frau mittleren Alters hat aus einiger Entfernung zugehört. „Gesichtsschleier sind doch erst vor dreißig Jahren wieder aufgekommen", sagt sie zu uns. „Verordnet von den Leuten in Riad." Bei dieser Bemerkung verdreht sie die Augen und schneidet mit zwei Fingern einen imaginären Bart ab. Sie trägt keine Nikab.

Ob wir die Zeichen richtig verstanden haben, dass sich auch in Riad etwas ändert? Ein paar besonders konservative Mutawah sollen vor einiger Zeit vom König entlassen worden sein, oder sollte ich besser sagen, ‚entfernt'. Das will uns niemand bestätigen. Die Frau mit dem offenen Gesicht ergänzt noch, sie habe ihren Eltern vor der Verheiratung erklärt, sie würde nur einen Mann akzeptieren, der nicht von ihr verlangt, das Gesicht zu verhüllen. Dabei sei es geblieben. Und wenn sie ein Mutawah ermahnen würde, würde sie ihm glatt sagen, dass sei eine Sache zwischen ihr und Allah. Sonst ginge das niemanden etwas an. Es klingt sehr selbstbewusst. Vollverschleiert, dass sei Unterschicht, sagt sie noch. Woraus ich schließe, dass sie sich im Zweifel auf einflussreiche Männer in ihrer Familie verlassen kann.

Wie Shaqra wird auch das ursprüngliche Al Ula wieder aufgebaut – für die Pilger-Touristen. Es liegt dicht an einem zerklüfteten Felsenhang. Geschützt von einer Festung aus hohen Steinmauern, dazu quer durch das Tal Steinwälle, die feindliche Reiter oder plötzliche Flutwellen bremsen sollten. Direkt bei der Festung beginnen die Flachdächer der alten Lehmhäuser. Dicht an dicht, fast eine geschlossenen Decke. Wo sie eingebrochen ist, fällt der Blick auf beschattete Wege zwischen zerbröselnden Gebäuden, auf kleine, halb verschüttete Plätze. Nach Windtürmen suche ich vergeblich. Zur Kühlung genügte mit Wasser befeuchteter Lehm, erklärt mir ein saudischer Begleiter. Ich sehe auch keinen gemauerten Schornstein, keinen Platz, der Feuer einhegt, was sicher nötig ist, zwischen lauter Palmstroh-Lehm-Mauern. Als ich nachfrage, schaut mich der ortskundige Saudi an, als käme ich aus einer anderen Welt. Was ja auch richtig ist. „Selbstverständlich wurde gekocht. Oben, auf den Dächern." – „Ach so. Natürlich", antworte ich, auch wenn mir das nicht so völlig normal erscheint. „Die Frauen konnten sich über die verbundenen Dächer auch besuchen", betont mein Gegenüber mit einer weit ausholenden Handbewegung. Ich versuche mir vorzustellen, wie es aussieht, wenn auf jedem Haus ein Feuerchen glimmt, wie es sich anfühlen muss, mit den Nachbarinnen in Rufweite kleine Fladen zu wenden, Gemüse zu garen. Das muss doch manchmal lustig gewesen sein.

Von den Resten eines Wachturms lässt sich die Oase überblicken, das den Talgrund füllende, dichte, federige Grün der Palmen, die neue, langgezogene Stadt mit ihren vielen Springbrunnen. An der felsigen Landschaft dahinter kann ich mich gar nicht satt sehen.

Wir werden zu einer Sonnenuhr geführt. Eine gemauerte Säule als zentraler Zeiger. Viel älter als jeder Uhrenturm und schon immer wichtig, um Jahreszeiten zu bestimmen und um die Bewässerung der verschiedenen Palmenhaine zu regeln. Nach Schattenabschnitten wurde das Wasser in den Pflanzungen verteilt, wurden die Schieber im ausgeklügelten System schmaler Gräben umgesteckt. Lokale Datteln können wir – erst – auf dem Weg zurück zum Flughafen von Medina kaufen. Zusammen mit Schwarzkümmel, beides Dinge von denen Mohammed, p.b.u.h. , sagte, sie seien für die Gesundheit wichtig. Olivenöl gehört auch zu seinen Empfehlungen. Zum Mitnehmen im Handgepäck holen wir uns aber lieber Safran.

Weil Meinmann und ich Pech mit der Buchung hatten, fliegen wir den anderen Mada'In Saleh-Reisenden hinterher. Auf dem Nachtflug nach Riad sind wir die einzigen, die keine Landestracht tragen. Wir fallen nicht weiter auf und finden es unsererseits völlig normal, dass alle Köpfe auf den Sitzen vor und hinter uns schwarz, rotkariert oder weiß bedeckt sind. Immer wieder verblüffend, wie schnell das Fremde zum Alltag gehören kann.

RIAD AN SICH (2)

Am nächsten Abend jongliert Meinmann mit mir durch den Verkehr auf der Suche nach einem Baumarkt. Als wir ihn endlich gesichtet haben, schließt er wegen Gebetszeit. Gewühl auf dem dreireihig belegten Parkplatz. Meinmann dreht ab, zurück in die rasende Automenge. Auf einer der Verkehrsadern von Riad, der breiten King Faisaliah Road steuern wir „unser" Dattelhaus an. Salehia. Zwischen Wolkenkratzern und anderen hohen Gebäuden ein dattelbraun gestrichener, zweistöckiger Minipalast an einer Straßenecke. Mit den weiß abgesetzten Simsen, Fensterrahmen, Mauerecken wie ein Lebkuchenhaus mitten im Häuserwald. Das Ende der Gebetszeit warten wir auf dem Parkplatz ab, bis die hohe Glastür aufgeschlossen wird. Wie ich mich mit dem schwarzen Mantel aus dem Geländewagen winde, entbehrt jeder Eleganz. Der Wind bläst in meine nicht vollständig verschlossene Abaya, dass ich den Stoff zusammenhalten muss und mich umsehe nach Mutawah in der Nähe. Keine. Schnell hinein in den Laden, zu den hell beleuchteten, prachtvoll arrangierten Datteln. Ein arabisches Grundnahrungsmittel hochstilisiert zu einer Zuckerbäcker-Delikatesse. Das sind keine Allerweltsfrüchte mehr, sondern pralinengleiche Gebilde, fein sortiert, zu kegeligen Pyramiden dekorativ aufgeschichtet, präsentiert auf großen, silbrigen Schalen. Dazu etwas feine Patisserie und pastellfarbene Macarons. Vor allem aber Datteln und nur Datteln ausgewählter Sorten, ausgewählter Herkunft. Natur oder gefüllt. Oder zu verschiedenen Dattelkeksen verarbeitet. Zwölf Sorten, verpackt in bunt glänzendes Papier, üppig arrangiert in geflochtenen Körben. Jeder Keks einzeln fest umhüllt, mit Haltbarkeitsdatum. Die jungen Männer hinter den Tresen tragen dattelbraune Kappen auf dem Kopf zu ebenso braunen Jacken und weißen Handschuhen. Sie platzieren die ausgewählten Datteln und Kekse in Schachteln, die auch für belgische Pralinen taugen würden. Allerdings: Unter einem Pfund geht hier nichts. Für süße Präsente gibt es Schalen aus Kristallglas, Porzellan, Metall, die zwei, drei und mehr Kilo fassen. Große Mengen passen auch in bunte Flechtkörbe mit akkurat fest sitzendem Deckel. Mit so einem Korb fing unser saudisches Abenteuer an. Meinmann bekam ihn als Gastgeschenk bei seinem ersten Besuch in Riad von seinem Auftraggeber. Damit sind wir auf den Geschmack gekommen, neugierig geworden auf Land und Leute. Die Datteln in dem Korb aus Saudi Arabien schmeckten ausnehmend gut. Uns und allen, die wir einluden, in den Korb zu greifen. Auch denen, die beteuerten, sie mögen keine Datteln, aus Höflichkeit zugriffen und dann eine zweite, eine dritte Dattel nahmen, ohne die nochmalige Aufforderung abzuwarten.

Nach Datteln zum Frühstück noch so ein normaler Vormittag: Bevor es heiß wird, zwei Runden an den Mauern des Compounds entlang laufen, innen selbstredend, dazu eine Bekannte treffen, um vom Leben in anderen Ländern zu hören, zu erzählen. Es mildert das Im-Kreis-Laufen. Später im kleinen Supermarkt ein nahezu deutsches Körnerbrötchen kaufen. Weiter am PC lesen, mailen, Radio hören. Waschmaschine in Trockner leeren, beide mit amerikanischem Strombedarf und dem Krachpotential größerer Haushaltsgeräte von US-Firmen. Weil auch kleinere, leise Geräte aus Europa importiert werden, gibt es in der Küche zwei Sorten Steckdosen. Eine für 110, eine für 230 Volt. Mittags das Brötchen mit saudischer Butter essen, dazu ein „frisches", drei Monate haltbares, also vermutlich bestrahltes, Ei und Fleischtomaten. Zum Nachtisch Jogurt saudischer Herkunft und Honig aus Indien. Noch eine Dattel mit Sesam.

Dann ein ungewöhnlicher Nachmittag: Mit dem Einkaufsbus fahre ich zur eleganten Kingdom Mall, an der auch ein internationales Hotel liegt. Dort will ich Meinmann treffen, um Wege zu sparen, denn wir sind für den Abend im DQ eingeladen. In der Mall streife ich durch die Stockwerke von Saks Fifth Avenue und Debenhams, beäugt von den vielen herumstehenden Verkäufern. Sie haben nichts zu tun am Nachmittag, zwischen zwei Gebetszeiten. Keine Frau außer mir unterwegs. Schon gar keine aus dem Westen, die Gesicht und Haare sehen lässt. Kein entspannter Ladenbummel, sondern Spießrutenlaufen oder besser: Jagdinstinkte wecken. Erst im obersten Stockwerk, der Ladies Section, sehe ich einige Frauen beim Friseur, am Eingang zum Fitnessstudio, in einem kleinen Café mit verstecktem Blick auf die Ladenstraßen weiter unten. Ich atme durch, verstehe, warum dieser Teil der Mall eine eigene Vorfahrt hat. Diesem Begafftwerden weiche auch ich gern aus. Nach einer Runde entlang der Schaufenster (Handtaschen, Schmuck, Abendkleider) suche ich auf einem Orientierungsplan den Weg zum Hotel. Mit den Augen finde ich den zwei Stockwerke hohen Durchgang zwischen Mall und Lobby. Ich muss also zurück ins Erdgeschoss und gehe zum nächsten Lift. Da sehe ich durch den gläsernen Schacht wie ein breiter Rollladen den Durchgang schließt. Ich schaue auf die Uhr, wundere mich. Eigentlich wären es doch noch einige Minuten bis zum Beginn der nächsten Gebetszeit. Den täglich mit dem Sonnenstand leicht wandernden Zeitpunkt hatte ich extra im Internet nachgeschaut, bevor ich mich in den Bus setzte. Der einfache Weg zum Treffpunkt war also versperrt. Was tun, um nicht zu spät zu kommen? Die Geschäfte mit französischer Couture in der Ladies Section stehen noch offen. Ich gehe in den nächsten Laden, frage auf Englisch nach dem besten Umweg ins Hotel. Drei Verkäuferinnen mustern mich freundlich, wollen wissen, aus welchem Land ich komme. Dann beraten sie sich kurz auf Arabisch. Eine von ihnen verschwindet durch eine Spiegeltür, kommt eilig mit wehender Abaya wieder. „Kommen Sie", sagt sie auf Deutsch, „ich bringe Sie zum Hotel. Den Weg muss man kennen, sonst ist man leicht viel zu lange auf der Straße unterwegs." Sie nimmt statt des Fahrstuhls die breite, geschwungene Granittreppe zum Erdgeschoss, läuft mir fast davon. Ich haste mit leicht geraffter Abaya hinterher. An einem hinter Geschäften versteckten Ausgang wartet die Frau aus dem Laden auf mich. Lächelt mir entgegen, sieht, wie ich am Verschluss meiner Abaya herumfummele. Mal wieder muss ich, und gefühlt: nur ich, im Gehen nach aufgeplatzten Druckknöpfen fingern, um sie wieder zu schließen. „In Riad leben, das ist sehr schwer", sagt sie, reicht mir die Hand, nennt ihren Vornamen. Wir stehen direkt an der Vorfahrt zum Hotel, können den pompösen Eingang sehen. „Ich habe fünf Jahre in Deutschland gelebt. Mit meinem Mann. Wir haben dort studiert. In Oldenburg." Ich will sie zum Dank für die Hilfe zu einem Kaffee oder Tee einladen. Sie lehnt ab, besteht aber darauf, mich zu begleiten bis zum roten Teppich vor den mit blinkendem Messing gefassten Glastüren. Auf dem kurzen Weg erzählt sie, dass sie aus Syrien stammt, viel lieber dort wäre. Aber es sei dort zu gefährlich geworden. Ihr Mann verdiene gut in Riad. „Wenigstens kann ich in dem Modeladen arbeiten. Da habe ich etwas Abwechslung." Sie lächelt. „Sonst würde mir die Decke auf den Kopf fallen." Sie lässt mich stehen, eilig läuft sie zurück in die Mall, ist schwarz verhüllt verschwunden.

An der mit poliertem Bruyère-Holz getäfelten Rezeption frage ich nach der Lobby-Bar. Dort hätte ich eine Verabredung. Ob ich Hotelgast sei? Nein? -Frau allein geht ja eigentlich nicht, oder hier doch?- Dann müsste ich bereit sein, für wenigstens 20 Rial etwas zu verzehren. Dass mich das nicht abschreckt, macht den Concierge nicht wirklich froh. Aber sein Gesicht entspannt sich, als ich ihm sage, dass ich Meinmann erwarte. Ich schlendere in Richtung brokatglänzender Sesselgruppen im Empire-Stil. Schon eilt ein Ober heran. Nein, bitte nicht hier Platz nehmen. Ich schaue mich um – ach so, überall nur Saudis vom anderen Geschlecht. Also in die zweite Reihe, in die Deckung hinter breiten Säulen aus hellem Marmor. Vor goldenen, stuckverzierten hohen Wänden grün bezogene Sessel um dunkle, polierte Holztischchen. Fast alle besetzt. Ich sehe ein junges Paar, das sich intensiv unterhält. Beide in traditionellen Kleidern, er in Weiß, sie in Totalschwarz. Eine saudisch-amerikanisch gemischte Gruppe reicht Papiere hin und her. An den übrigen Tischen wispern Frauen miteinander, vermutlich mittleren Alters, vermutlich übergewichtig. Das lassen die Mengen an schwarzer Seide vermuten, die über die Ränder der Polster fluten. Perfekt manikürte Hände lupfen vorsichtig die Nikab, um eine Kleinigkeit an Gebäck verschwinden zu lassen, an einer Tasse zu nippen. Dramatisch geschminkte Augenpaare folgen mir diskret und ich bemerke es nur, weil ich bewusst darauf achte, um möglichst viele Blicke gezielt freundlich zu erwidern. Manche Augen beginnen daraufhin zu lächeln, die meisten weichen schnell aus. So voll verschleiert möchten sie unbedingt unerkannt bleiben. Kellner bedienen umsorgend höflich, geschult aufmerksam.

Wegen der Gebetszeiten nur ausländisches Personal. Ich kann aus einer großen Tee-Karte wählen, bestelle eine Etagere mit arabischem Gebäck. Köstlich nussig und kaum süß. Als einzige sitze ich solo vor meinem Tee, lese Zeitung, vergesse zwischendurch, dass ich hier die Beine nicht über einander schlagen sollte. Einmal, um keine Schuhsohle ungehörig in den Raum zu rekken, zum anderen, weil dabei meine schmal geschnittene Abaya leicht auseinander fallen kann. Allein am Teetischchen, dazu die nicht immer vollständig geschlossenen Abaya, ernte ich auch misstrauische Blicke. Das Erscheinen von Meinmann – älterer Europäer im grauen Anzug – löst kurz Aufsehen aus, denn er betritt ohne weibliche Begleitung den Raum. Als er sich zu mir setzt, ist die Welt wieder in Ordnung. Auch Meinmann hat die Irritation bemerkt, die er als Single Man ausgelöst hat und erinnert sich an einen Fauxpas: Auf einer wissenschaftlichen Tagung in Riad, die auch von Frauen besucht wurde, brauchte er einen ruhigen Platz, um zu telefonieren. Er öffnete eine arabisch beschriftete, aber unbewachte Tür zu einem Aufenthaltsraum, setzte sich auf ein Polster, begann sein Gespräch. Als Frauen ihn anredeten, sogar versuchten, sich mit Gesten verständlich zu machen, winkte er ab, konzentriert auf das Telefonat. Er bemerkte viel Heiterkeit bei den Frauen um sich. Kein Aufschrei, keine Beschwerde. Aber als er den für Frauen reservierten Konferenzbereich wieder verließ, sah er einen Wachmann vor der Tür, der ihn mit ungläubigem Erschrecken musterte. Der Türsteher hatte wohl nur einen Moment gefehlt und hoffentlich nicht seinen Job verloren.

MOCKTAIL-TIME

Nach dem Tee fährt Meinmann durch den Ziegenbockverkehr Richtung DQ. An der Autobahnausfahrt ein Slalom um Betonbarrieren unter den Augen einiger Soldaten mit Gewehren im Arm. Im Licht hoher Scheinwerfer anhalten, Fenster öffnen. Sie schauen kurz in unsere Gesichter, fragen nach dem Wohin, winken uns weiter. Bei offiziellen Anlässen folgt eine weitere Sicherheitskontrolle am Einlass der Botschaft, so ähnlich wie auf Flughäfen. Smartphones müssen abgegeben werden. Bei sehr privaten, kleinen Einladungen in eine nicht zwangsläufig deutsche Residenz schlupfen wir einfach durch einen Hintereingang, ein knapp geöffnetes, übermannshohes Stahltor.

Auf Empfängen muss auch in Riad das Wetter als unverfängliches Gesprächsthema herhalten. Außerdem ist netzwerken angesagt. Hier kennt jemand eine Prinzessin, die über Einfluss und Geld verfügt, dort jemand die rechte Hand eines Prinzen. Frauen schwärmen von Einladungen zu königlichen Hochzeiten, dem dabei zur Schau gestellten, irrwitzigen Reichtum an Schönheit und Schmuck. Da kann ich nur zuhören. Männer finden schnell ein Thema, weil ein deutscher Autohersteller den Abend sponsort und sein schönstes, schnellstes Stück neben dem künstlichen Wasserfall auf dem grünen Botschaftsrasen unter Palmen platzieren durfte. Sie tauschen Visitenkarten, verabreden sich zu Treffen an frauenfreien Plätzen. Das kann nichts für mich sein. Warum bin ich hier? Wann geht der nächste Flieger zurück in die westeuropäische Normalität?

Also tatsächlich etwas über das Wetter sagen? Na dann: „Bei dem vielen Staub in der Luft heute ließ sich die Spätwinter-Sonne wirklich nicht genießen." Oder: „Wer heute Golf gespielt hat, musste damit rechnen, dass ihm der Sand aus dem Bunker schon zwanzig Meter vor dem Hindernis entgegen flog."

Der Ruf zu einem kleinen Konzert erlöst mich vom Smalltalk. Diesmal kein Kammerorchester auf kurzer Weltreise zu Gast in der Botschaft, sondern Künstler aus Europa, die in Riad leben, vor Ort privat Unterricht geben. Gesang mit Klavierbegleitung auf gehobenem Hausmusik-Niveau. Noch einmal wird das Wetter zum Thema, denn dem Flügel bekommt das Klima in Riad hörbar schlecht.

Beim Gang zum Büfett spricht mich eine zierliche Araberin an. Libanesin, verheiratet mit einem Syrer, wie sich herausstellt. Er mit beruflichen Beziehungen zum Königshaus. Über den verstimmten Flügel kommen wir ins Gespräch, setzen uns an einen der festlich gedeckten Tische im Garten. Beide wollen von mir wissen, wie es mir in Saudi-Arabien gefällt. Noch mehr seichte Gespräche? „Leben in fremden Ländern erweitert den eigenen

Horizont", antworte ich höflich. Beide schauen mich verwundert an. „Aber Saudi-Arabien ist doch das Beste, was einem passieren kann", sagt er. „Es ist wunderschön hier", bestärkt sie. „Nichts als Sonnenschein. Keinerlei Zeitdruck." ergänzt sie. Sie habe zwei Jahre in der Schweiz gelebt, habe die Partys vermisst, die Treffen von Haus zu Haus. „Hier gibt es immer eine Gelegenheit in netter Gesellschaft eine Tasse Kaffee zu trinken." Selbstverständlich leben sie nicht ständig in Riad, erklären sie mir auf Nachfrage. Weil es in den Hochsommermonaten von Juni bis September so heiß wird, dass gesellschaftliches Leben nicht stattfindet und sich geschlossen verlagert, nach Spanien zum Beispiel. Vor der unbehaglichen Kühle in den beiden Wintermonaten Dezember und Januar fliehen sie an die warme Küste am Arabischen Golf oder fliegen zum Skifahren in die Alpen, in die USA. Den Führerschein vermisst die Libanesin nicht. In den vier bis fünf Monaten außerhalb des Königreichs fährt sie gern. Aber in Riad, bei dem Verkehr …

Anderntags wuseln wir mit auf der Champs Elysées von Riad, der Tahliya Road, bis zu einem Restaurant, wo wir mit Freunden verabredet sind. Die Stämme der Alleepalmen sind mit Lichtergespinst überzogen, Schaufenster mit westlicher Mode glühen bunt aus neuen Gebäuden in Reihe. Wir probieren arabisch-italienische Küche in eigenwilliger Umgebung. Nüchtern moderne Einrichtung, hell bis zur Ungemütlichkeit, dazu Gestänge für Vorhänge um die Tische, wie um Betten in einer medizinischen Notaufnahme in einem überfüllten Krankenhaus. Zuziehen und Abaya aufmachen? Oder umgekehrt? Sollte ich mich freuen, überhaupt über diese Wahlmöglichkeit nachdenken zu können?

Wann der Verzicht auf Sichtschutz angebracht ist oder nicht, lernten wir an einem anderen Abend zur „Mocktail-Time". Mal wieder saßen wir europäisch, also optisch ungeschützt, in cinem Restaurant, warteten bei alkoholfreiem Bier auf unser Essen. Da bat ein saudisches Paar einen Kellner, vor unseren Tisch einen Paravent zu stellen. Nicht nur, weil ihr Weg von der Bar zu ihrem Séparée indiskret dicht an uns vorbei führte, sondern auch um uns Unannehmlichkeiten zu ersparen. Denn schon durch die gläserne Eingangstür wären wir zu sehen gewesen. Mutawah hätten nur im Vorbeigehen schon auf uns, auf meine sichtbaren Haare, aufmerksam werden können. Den möglichen Ärger will niemand, erklärte der Kellner, als er das Flechtwerk vor uns stellte. Die drei anderen Seiten der Sofa-Koje, in der wir saßen, blieben offen. So sensibilisiert, sahen wir von da an die häufig umständlichen Zugänge zu den Family Sections in einem anderen Licht: Die schweren Holztüren vor gewinkelten Fluren, genauso wie Treppen und Fahrstühle halten die Mutawah auf Abstand. Vor allem die bei jüngeren, gut situierten Saudis beliebten Lokale sichern so eine halböffentliche Privatheit ab, die ein kleines bisschen Ungezwungenheit zulässt, fröhlich-laute Runden von gleichaltrigen Paaren, alle Frauen ohne Gesichtsschleier, mit dramatischem Make-up, in abendlich-eleganten Abayas mit vermeintlich hochgetürmtem Haar unter den Hijabs. Ich habe eine Weile gebraucht, bis ich Bälle aus gerüschtem Plastik-Tüll in den Auslagen etlicher Geschäfte nicht mehr für Duschschwämme hielt, sondern als den Unterbau für Hijabs begriff.

*L*ADIES ONLY

Der Reise nach Mada'in Saleh folgte nach einigen Wochen eine private Einladung -Ladies only- in ein saudisches Haus mitten in Riad. Per Mail kam die Anfahrtsskizze für den Weg mit den GPS-Koordinaten der Adresse und wichtigen Orientierungspunkten: Ausfahrten des Highways in Richtung Mekka, Tankstellen, Apotheken, abgezählte Kreuzungen im Wohnviertel.

Im richtigen Stadtteil angekommen, liegen die Kreuzungen weit auseinander. Lange, lehmfarbene Mauern sind so hoch, dass Häuser dahinter nur vermutet werden können. Auf den schmalen, kaum beleuchteten Straßen dazwischen geht es nur ruckartig vorwärts, von einem Geschwindigkeitsbremshöcker zum nächsten. Mein Fahrer weiß sich am Ziel, als er neben einer langen Reihe parkender Autos auch eine Menge Männer sieht, die wartend herumstehen, sich unterhalten. Den pluderigen, graublauen Kleidern nach keine Saudis, sondern Leute aus östlicheren Ländern, Fahrer, wie er. Sie winken das Auto an einer verschlossenen Tür weiter, Einlass nur für Männer, um eine Straßenecke herum, zu einem zweiten Eingang, nur für Frauen. Dort steht die eisenbeschlagene Holztür offen, flankiert von zwei brennenden Fackeln. Eine schmale steile Steintreppe führt mich durch hell verputztes Mauerwerk ein gutes Stockwerk höher.

Ein schmiedeeisernes Gitter umgibt den Treppenausstieg auf eine weite Terrasse. Schummerig beleuchtet von vielen Windlichtern in Mauernischen, von wärmender Glut in rechteckigen Holzkohlebecken. In mächtigen Kübeln wachsen große Büsche, kleine Bäume, lenken den Blick nach oben, zum Sternenhimmel. Helligkeit kommt aus zwei breiten, weit geöffneten Eingängen zu dem Haus am Ende der Terrasse. Dort sehe ich viele andere Gäste, in Bewegung, im Gespräch. An der offenen Gitterpforte erwarten mich zwei junge Frauen und begrüßen mich freundlich auf Arabisch und Englisch. Saudi Champagne oder Granatapfelsaft bieten sie an. Es gibt auch Tee und Wasser. Datteln werden gereicht und honigsüße Sesamkekse. Ich nehme eines der dickwandigen, farbigen Gläser vom Tablett, schaue mich kurz um. Da steht die Gastgeberin schon vor mir, begrüßt mich mit Handschlag, deutet auf eine der beiden offenen Türen. Dort könne ich jederzeit meine Abaya ablegen. Auf der Terrasse sei ein Mantel bei den noch winterlichen Temperaturen (Februar, +14°C) aber ganz angenehm. Sie führt mich zu einem der Kohlebecken. Jetzt erst sehe ich, dass auf dem Boden dahinter eine Frau in dunkler Kleidung hockt, um auf dem Gitter über der Glut kleine Fladen zu backen und diese nach Wunsch zu süßen. Um einen Tisch, versteckt hinter Pflanzkübeln, sitzen einige Gäste, in große Schals und Abayas gewickelt. Sie rauchen Shisha und essen Kleinigkeiten frisch vom Feuer. Das sei Beduinengebäck, erklärt mir jemand, der, eigentlich „die", mit mir ins Gespräch kommen will, sich neben mir an der Wärme des Feuers freut. Sie gehört zu den Saudis, die den Kontakt zu Fremden suchen, den Gedankenaustausch schätzen, von einer anderen Weltsicht hören möchten, ohne sie gleich gut heißen zu müssen. Andere Saudis lerne ich nicht kennen. Nur die offenen, interessierten, gebildeten und auch die geschäftstüchtigen. Chauvinisten jeder Ausprägung, ob national-, religiös-, oder geschlechtsbezogen, denen alles Fremde suspekt bleibt, meiden mich, sofern sich überhaupt die Gelegenheit zum Kontakt ergibt. Und das gilt nicht nur Männer: Es gibt

Frauen, die in den *Arab News* dafür plädieren, beim Sport auf die Geschlechtertrennung zu achten – nicht nur bei den Aktiven, sondern auch bei den Zuschauern. Zum Männerfußball sollten nur Männer ins Stadion dürfen. Bestenfalls im Fernsehen soll Hingucken erlaubt sein, so wie männliche Professoren per Bildschirm Studentinnen unterrichten dürfen. Ob es auf dieser nachtdunklen Terrasse Frauen gibt, die so ticken? Möglich, aber ich würde sie nicht entdecken. Mit mir wird über arabische Sehenswürdigkeiten gesprochen, über traditionelle und moderne Architektur. Nicht über geistesgeschichtliche Unterschiede, die Morgenland und Abendland trennen, wie etwa Aufklärung oder Menschenrechte. Immerhin, mein Gegenüber erwähnt einen Mischpunkt verschiedener Kulturen auf der Arabischen Halbinsel, erzählt von Jeddah, der Hafenstadt am Roten Meer, die ich mir unbedingt ansehen müsse. Auch wegen der Kunstszene dort. Sie könnte mit Kontakten helfen. Nur gute Freundinnen, selbstredend.

An einem anderen Abend folgte ich der Einladung dieser Frau in eine fast unterirdische, wörtlich gemeint, Galerie in Riad, traf erneut auf eine Mischung von ausländischen und saudischen Frauen. Ein Ausflug in ein Atelier wurde diskutiert. Eine Amerikanerin meinte, dass könnte doch auch für die Ehemänner interessant sein und schlug einen gemeinsamen Besuch vor. Irritiertes, ablehnendes Kopfschütteln bei den saudischen Frauen. Eine protestierte sogar laut: „Oh no, come on, we want to keep it relaxed."

An meinem ersten Ladies-Only-Abend gehe ich über die weite Terrasse zur Garderobe. Abayas in Haufen über einer Parkbank, in Bündeln an Haken. Kurz überlege ich, wie ich in dieser Ansammlung von schwarzem Stoff meine Abaya wiederfinden kann, entscheide mich für die Banklehne. Dann weiter, geführt von Windlichtern, zum zwitschernden Partylärm in dem anderen hellen Raum. Fast ein Saal, sehr tief, ziemlich niedrig. Vielfarbige Teppiche überall, auch an den Wänden, auch als Bezug für wenige Sitzpolster auf dem Boden. Arabisch rustikale Party-Inszenierung in grellem Licht. Unter den Gästen einige Frauen aus westlichen Ländern, die ihren Männern nach Riad gefolgt sind, dazu viele saudische, die die Welt mit ihren Männern bereist haben. Alle in westlicher Kleidung, vom nachmittäglichen

Kostüm bis zu Hosen mit eleganten, langen Jacken. Keine trägt auffälligen Schmuck. Sie stehen in Gruppen zusammen, sprechen über abstrakte grau-weiße Ölbilder, die an Wänden lehnen, flanieren von Kleiderständern mit einer Auswahl kunstvoll bestickter, wattierter, auch pelzbesetzter Winter-Abayas zu einem Büffet mit winzigen Häppchen, süßem Gebäck, gefüllten Datteln. Frauen, die sich Komplimente machen, wenn ein Kleid als besonders modisch auffällt, die kurz an ihrer Frisur zupfen, wenn sie sich in einem, mit buntem Glas gerahmten Spiegel begegnen. Unter den Ausländerinnen international gefärbter Small Talk über das Woher, Wohin und Wie-lange-noch. Mit Saudis Meinungsaustausch über die Qualität britischer und amerikanischer Universitäten, über akademische Berufe, über Arbeit an (Botschafts-) Schulen, in Krankenhäusern, bei Banken und Beratungsunternehmen. Für angelsächsisch organisierte Wohltätigkeit wird geworben. Kärtchen mit Mail-Adressen wechseln die Handtasche.

„Do you know me?" strahlt mich eine junge Frau an. Sie trägt eine Art Norweger-Pullover zu hautengen Lederhosen. High Heels machen sie groß. „We've met in Al Ula." Ich glaube es kaum. Das soll das unscheinbare, pummelig wirkende Mädchen sein, das den Kopf mit einem sanftfarbenen Pashmina so fest umwickelt hatte, dass mir vom Gesicht nur volle runde Wangen und ein Ansatz zum Doppelkinn in Erinnerung blieben? Ihre dunklen Augen leuchten lustigfrech, während sie mit einer Hand durch ihre voluminösen, halblangen Locken streift. Sie lacht zufrieden, als sie mein Überraschtsein bemerkt. Dann nimmt sie mich am Arm, führt mich über die dicken Teppiche in den hinteren Teil des Raums. Weil sie sich an das Gespräch am Brunnenrand in der Altstadt der Oase erinnert, zeigt sie mir die Tür von innen, durch die Männer Zugang zum Haus erhalten. „It's the same here, today", sagt sie und zuckt dabei mit den Schultern, als sei daran nicht zu rütteln. Heute Abend sei diese Tür allerdings für alle verschlossen. Dass ich wissen möchte, wie ein Mann denn jetzt hinaus oder herein kommt, findet sie komisch. „You need not to worry about men", sagt sie. „There is always a service entry." Die Gastgeberin hat sich dazu gesellt, hat zugehört. "It is very convenient," ergänzt sie. So weit weg von der

Terrasse könnten männliche Gäste weitergeleitet werden in einen Empfangsraum, ohne Frauen zu begegnen. „Without disturbing us", sagt sie und lädt mich ein, mir noch einige weitere Räume anzuschauen. Damit ich wüsste, wie es in einem saudi-arabischen Haus heutzutage aussieht. Es klingt so gastfreundlich wie stolz. Ich folge ihr über die dunkle Terrasse zum anderen Eingang, vorbei an den Abaya-Stapeln, in einen breiten Flur. Sie öffnet eine zweiflügelige Tür, macht Licht. Ein Kronleuchter strahlt auf. Vor mir eine leere, helle Teppichfläche, orientalische Muster in Gelb- und Blautönen. An den drei Wänden vor uns aufgereihte Sessel, Polsterbänke, Sofas, stilistisch irgendwas zwischen Louis XIV und üppigem Biedermeier. Alles mit brokatglänzendem, blassbläulichem Stoff bezogen, das Holz matt eierschalenfarben lackiert. Der Raum ist groß, fast quadratisch. Bis zu den Sprossenfenstern gegenüber der Wand mit der Tür sind es bestimmt elf, zwölf Schritte. Vorhänge aus dem Polsterstoff in dichten Falten verhängen die Fenster nur zur Hälfte. Trotzdem kein Blick ins Freie. Nur auf geschlossene Jalousien. In der Mitte der Stirnwand, vor den Fenstern, stehen zwei große Sessel erhöht, auf einem mit Teppich bedeckten Podest. In ein benachbartes Zimmer wird mir nur ein kurzer Blick gewährt. Der Raum ist etwas kleiner, ähnlich möbliert, ebenfalls mit Ehrenpodest. Allerdings alles in dunklem Rot. Hierher führt der Zugang für männliche Gäste, der heute wegen der Frauen-Party verschlossen ist. Zurück in den Flur. Die Küchentür steht offen. Lange Arbeitsflächen, in der Mitte des Raumes ein mehrflammiger Herd im Hotelformat. Viel Edelstahl. Gerade werden Karaffen mit Saudi Champagne nachgefüllt. Fünf junge Mädchen schneiden grüne Äpfel in feine Scheiben, zupfen Blätter von Minze-Stengeln, holen französisches Sprudelwasser und schweizer Apfelsaft aus einer Kühlschrank-Wand. Weiter, ins Esszimmer, gleich neben der Küche. An den Wänden sehr unterschiedliche Bilder. Kinderzeichnungen, Kalligraphisches, noch mehr abstrakte, grau-weiße Ölbilder. Gerade genug Platz für einen ovalen Tisch mit sechzehn Stühlen. Sechzehn. „That's were we live", erklärt meine Begleiterin lächelnd. „Here and on the terrace."

GLÜCKLICHE KÜHE IM „EMPTY QUARTER"

In meinen Einkaufstüten befinden sich regelmäßig Milch, Butter, Joghurt und Laban, Orangensaft und Erdbeer-Smoothie, ausnahmslos ausgesprochen wohlschmeckend. Alles Produkte von Almarai, einem saudischen Molkerei-Lebensmittel-Unternehmen auf Expansionskurs. Angeblich der größte integrierte Molkereibetrieb weltweit. Wiederholt hatte ich gefragt, wie die Saudis in der Wüste an die viele frische Milch kommen. Bis Meinmann über westliche Männer-Kontakte eine exklusive Besichtigung einer Produktionsanlage arrangieren konnte.

Treffen vor der Unternehmenszentrale in Riad mit einem Australier, der erstaunlich gut Deutsch spricht. Ein kurzes „Hallo, ich heiße Richard", morgens um halb sieben, dann eine gute Stunde Autofahren in strahlendem Sonnenschein. Auf der Autobahn nach Süden bis Al Kharj, einer Oasenstadt, zusammengefügt aus vielen Dörfern, zusammengehalten von Lebensmittelindustrie. Hier wuchsen und wachsen nicht nur Datteln, sondern auch viel Gemüse und Obst. Entsprechend viele Lastwagen sind mit uns unterwegs. Als wir den ersten Kühltransporter mit Almarai-Logo überholen, wird unser Begleiter gesprächig. „Das ist einer aus unserer Flotte. An die 1000 Sattelzüge und Tanklastwagen von uns sind auf der Arabischen Halbinsel unterwegs, dazu etwa 3000 Transporter. Alle gehören Almarai." Nach einer kleinen Pause ergänzt er: „Mit Subunternehmern haben wir keine guten Erfahrungen gemacht."

Mit Milch und Milchprodukten, Säften, Babynahrung, Backwaren, Geflügel fahren die Lastwagen durch das öde Land. Geliefert wird in alle Mitgliedstaaten des Golf-Kooperationsrats, also in alle arabischen Golf-Anrainer von Kuweit bis zum Oman. Angefangen hat es mit Milch und Laban, hören wir weiter. Laban, das ist eine Art Trinkjoghurt. Mir schmeckt er sehr gut zu Datteln. „Almarai wurde von einem Mitglied des saudischen Königshauses gegründet, weil die bäuerliche Milchwirtschaft in den Oasen nicht mehr Schritt halten konnte mit dem Bevölkerungswachstum", sagt Richard. „Die Nachfrage stieg enorm. Die Initiative kam von Prinz Sultan bin Mohamed bin Saud Al

Kabeer. Das war 1977." Ich bin beeindruckt, wie zügig Richard diesen Namen ausspricht. „Er hat viel investiert. Milchbetriebe wurden zusammengelegt, dann vergrößert. Die Milchverarbeitung modernisiert, die Distribution verbessert. Dann wurde weiter zentralisiert, die Produktpalette erweitert, eine Käserei gebaut, immer so weiter. 2005 ging Almarei an die Börse. Der Prinz ist noch mit knapp 30 Prozent am Unternehmen beteiligt", meint Richard. „Das operative Management liegt heute in Händen eines Schweizers." Ob er deshalb so gut Deutsch spreche, will ich von Richard wissen und blödele: „Na klar. Der hat Milch im Blut." Richard lacht. Er sei das Kind deutscher Auswanderer, erklärt er knapp, konzentriert sich auf die Lastwagen um uns, weil wir uns den großen Kreuzungen in Al Kharj nähern.

Wir biegen ab nach Osten, Richtung Haradh auf eine zweispurige Straße, die schnurgeradeaus bis nach As Sila'a im Emirat Abu Dhabi führt, dabei die nördlichen Ausläufer der großen Wüste Rub al Khali durchschneidet. Auf Englisch heißt diese Wüste sehr zutreffend „Empty Quarter". Wir folgen der Strecke nur ein kurzes Stück, keine halbe Stunde. Dann liegen in den Sandwellen auf der südlichen Seite der Straße moderne Bürohäuser, davor eine grüne Parkfläche mit Rasen, Palmen und Blumen. Ein Pavillon, eine kleine Moschee. Alles gefällig modern, sauber, gepflegt. Wir parken unter Sonnensegeln. Privatgelände. Ich darf die Abaya im Auto lassen. Hitze umfängt uns auf dem kurzen Weg zum Hauptgebäude. Am Empfang bekommen wir Besucherausweise angeheftet, dann geht es weiter in ein kleines Auditorium. Klimatisiert, so angenehm kühl, dass Teppichboden und dick gepolsterte Kinobestuhlung willkommen sind. Uns wird ein gut gemachter PR-Film über die Geschichte von Almarai gezeigt, über verschiedene Produkte, über die Selbstverpflichtung zu erstklassiger Qualität, über zufriedene Konsumenten, über Kooperation mit einem amerikanischen Softdrink-Hersteller mit global bekannten Produkten. Ein Film über einen Markenartikler, der sich von ähnlichen Selbstdarstellungen vor allem durch das saudiarabische Lokalkolorit unterscheidet. Und tatsächlich heißt es in dem Film, dass Almarai die weltweit größte integrierte Milchverarbeitung betreibt. Hier, am Rande der großen Wüste. Richard bringt uns in den Pavillon zwischen blühenden Büschen und grünem Gras. Mit Kaffee, Säften, frischem Gebäck werden wir dort erwartet. Kaum dass wir durch die hohe Glastür treten, verschwindet dunkel gewandetes Personal lautlos. Zwischen zwei Schlucken Kaffee sagt Richard, dass in Al Kharj 2009 eine Fabrik für Backwaren errichtet wurde. „Alles in großem Stil hier", grinst er. Auf die Frage, ob er gern für Almarai arbeite, nickt er. „Nur meine Frau findet es nicht gut hier." Jetzt nicke ich. „Sie lebt in Dubai -Wochenendehe. Das ist ganz ok", meint Richard.

Mit dem Auto geht es weiter auf geteerten Wegen über lehmfarbene Flächen und Sand zu einer ummauerten, großen Einfahrt. Schlagbaum passieren, einen weiteren Kontrollpunkt im Blick. Dazwischen viel Platz, auf dem ein offener Jeep steht. Richard hält daneben. Aus dem Schatten des niedrigen Hauses neben einem langen Schiebegitter kommt ein Mann auf uns zu. Vielleicht 30 Jahre alt, grüne Augen, helle Haut. Ian, ein Ire, studierter Milchwirtschaftler, begrüßt uns. Für sechs Wochen hat er die Aufsicht über 5 300 Tiere, führt 150 Mitarbeiter. Dann macht er zwei Wochen Pause, zu Hause, auf der kühlen, richtig grünen Insel. Schichtbetrieb, wie auf einer Ölplattform. Anders als Richard, ist Ian nicht sehr mitteilsam. Aber im Laufe einer zweistündigen Tour über das Gelände und durch die Stallungen formt sich ein Bild, das mich noch im Rückblick verblüfft: Glückliche Kühe. Wir bekommen weiße Kittel und Überzieher für die Schuhe verpasst, steigen mit Ian in den Jeep. Das Auto rollt durch ein Desinfektionsbad. „Das ist unser Schaubetrieb hier", erklärt Richard. „Die wirklich großen Farmen sind nicht öffentlich. Mit Beständen von jeweils 22 500 Tieren wollen wir das Risiko, dort Krankheiten einzuschleppen, nicht eingehen. Die Betriebe liegen weiter weg von der Straße." „22 500 Ticre an einer Stelle" staune ich. „Also Massentierhaltung in großem Stil?" „Jaja", bekräftigt Richard. „Was denn sonst? Hier? Weidewirtschaft?"

Wir fahren an einem Platz vorbei, an dem überdachte Schüttgutlager aufgereiht sind. „Futtermittel", sagt Ian schlicht. Nachdem ich mehrfach nachfrage, ergänzt er endlich. „Kommt von überall. Mais, Sojaschrot, Melasse-Trockenschnitzel. Was der

Weltmarkt hergibt." „Und von zugekauften Farmen mit Ackerbau in Südamerika", ergänzt Richard. Ian nickt. „Alle sechs Wochen fliegt ein amerikanischer Spezialist für Tierernährung ein, prüft die eingekauften Qualitäten, legt danach die Rezepturen fest. Jeweils angepasst an den Bedarf der Tiere." – „Und gar kein Heu?" – „Dahinten." Ian gibt Gas, fährt zwischen Silos und großen Stallungen Richtung Wüste, zeigt auf mehrere hoch gestapelte, mit Folie überspannte Ballenberge im Freien. „Kommt in Containern aus Spanien", sagt er, dreht, lenkt über das helle, trockene Gelände zurück zu den Gebäuden. „Kommt per Schiff und Bahn", fügt Richard an. „Auch eine Form, Wasser zu importieren", bemerkt Meinmann. Richard erwidert: „Ohne Wasser und westliches Know-how geht hier gar nichts."

Ian hält im Schatten einer Mauer. Wir steigen aus, gehen durch eine Tür, hören etwas klappern. Ein paar Meter weiter sehen wir, dass es von Melkbechern kommt. Wir stehen am Anfang eines langen Gangs, fast ein Hohlweg. Links und rechts über einer hüfthohen Betonmauer ein Gatter aus rundem Stahlrohr, darüber Schläuche, Schüre. Richard zeigt auf die Melkstände. „Die ganze Technik kommt aus Deutschland und Italien. Auch für die Milchverarbeitung." Auf einer Seite gehen schwarzbunte Kühe gemächlich hinter dem Gatter entlang, wählen sich ein Platz, stellen sich mit den Hinterbeinen zum Gang. Vier Melker laufen von Euter zu Euter, einer melkt an, drei hängen die Melkbecher an die Zitzen, versorgen Milchgeschirr, das von abgemolkenen Kühen abfällt. Das klackert. Es ist das einzige lautere Geräusch. Nach dem Melken trotten die Tiere Richtung Ausgang, den wir nicht sehen.

„Viermal täglich melken wir. Akkordarbeit." sagt Ian. „Vor dem Melken werden die Tiere abgeduscht, damit die Euter immer sauber sind. Und dann getrocknet. Die besten Kühe geben 40 Liter am Tag. Im Durchschnitt sind es 35. Die Milchleistung kontrollieren wir genau, um entsprechend füttern zu können. Danach stellen wir auch die Herden zusammen. Jeweils etwa 300 Tiere." „Alle sechs Stunden geduscht, geföhnt, gemolken werden, dazwischen fressen, wiederkäuen. Ist das ein schönes Kuhleben? Wie alt werden sie eigentlich?" will ich wissen. Ian lächelt

leicht „Bei uns 2,7 Jahre." Mit Zahlen kennt er sich aus. „Von den 5 300 Tieren hier sind 4 800 Stück Milchvieh. Dazu kommen Färsen. Die werden entweder trächtig gekauft oder hier besamt. Natürlich gibt es auch Bullenkälber. Die bleiben nicht lange."
„Und wo wird eingekauft?" frage ich. Richard schaltet sich ein. „Die Holsteiner holen wir bevorzugt aus Arizona. Die sind schon an Wüstenklima gewöhnt. Idealerweise im Winter, vier Monate vor dem Abkalben. Seit ein paar Jahren wächst die Nachfrage so rasant, dass wir zum Aufstocken der Herden auch schon ein paar Tausend Tiere eingeflogen haben. In Normalfall reicht es aber, Rindersamen zu importieren. Kaufen wir auch in den USA."

Ian winkt uns aus dem Melkstand hinaus, zurück zum Jeep. „Die Melker – das waren keine Saudis", stelle ich fest. „Wo kommen die Männer her, die hier arbeiten?" – „Aus Nepal, den Philippinen, Irland, Neuseeland, Australien. Leute aus Eritrea schätzen wir als Mitarbeiter besonders. Zuverlässig, effektiv. Sie wohnen alle in Compounds hier auf dem Gelände, mit Fernsehen, Internet und so weiter. Für jede ethnische Gruppe gibt es eine eigne Kantine. Die Essgewohnheiten sind sehr unterschiedlich", erläutert Richard. Ian grinst. „Es gibt doch Bestrebungen, weniger Fremde ins Land zu holen, mehr Saudis zu beschäftigen", bemerkt Meinmann. „Wird das auch hier zum Zug kommen?" „Das wird noch ein Problem", meint Richard. „Damit dürften die Arbeitskosten ganz schön steigen. – „Wegen höherer Gehälter?" – „Nein, nein, aber um einen aus dieser Mannschaft zu ersetzen, müssten wir zwei Saudis einstellen. Das ist leider so." Richard zuckt mit den Schultern.

Ob die Gebetszeiten ein Problem wären, hätte ich gern noch gewusst. So viele Unterbrechungen, die sich ständig verschieben. Und dann noch Ramadan. „Die Beduinen mit ihren Herden schaffen das doch auch." „Naja", sagt Richard, „die Ziegen, Schafe, Kamele von hier, die sind mit auf Höchstleistung gezüchteten Milchkühen wirklich nicht zu vergleichen."

Während der Unterhaltung sind wir in einem der großen Unterstände für die Tiere angekommen. Unter dem Dach große Ventilatoren, die sanften Wind verbreiten, Wasser versprühen, um die Temperatur zu regulieren. Irgendwann später höre ich, dass für die Produktion von einem Liter Milch angeblich 3 500 Liter Wasser verbraucht werden. Ich kann das leider nicht überprüfen. Im Stall, beiderseits der breiten Mittelgasse liegt Futter vor einem raumlangen Fressgitter, dahinter jede Menge schattiger, sandiger Platz. Die Stallwände bestehen aus einer ganzen Reihe schwerer Planen, die nur am Dach befestigt sind. Mit ihrem Gewicht können die Tiere zwei Planen auseinanderschieben, gelangen ins Freie. Wenn eine Kuh aus dem überdachten Teil des Laufstalls ins Licht wechselt, fällt ein gleißend heller Sonnenstrahl auf die im Stallschatten liegenden Wiederkäuer. „Während die Tiere auf dem Weg zum Melken sind, wird hier aufgeräumt", erklärt Ian. „Und der Traktor bringt dann auch frisches Futter." Auf dem Weg zurück zum Tor fährt er mit uns noch vorbei an speziellen Stallungen. Für Tiere, die bald abkalben oder gerade abgekalbt haben, für Tiere, die krank sind, für Jungtiere.

Wenig später bringt uns Richard in die Molkerei. Zu anderen weißen Kitteln tragen wir jetzt auch Schutzmützen über den Haaren, laufen unter Produktionsstraßen hindurch, vorbei am Lager für angelieferte Rohstoffe. Butterblöcke aus Neuseeland, Feta als Großladung aus Australien. „Food ist ein internationales Geschäft. Aber nicht bei Endprodukten. Da zählen regionale Vorlieben", bemerkt Richard. „Bei euch in Deutschland muss Butter gelb sein. Hier in Arabien möglichst weiß. Genauso der Käseaufstrich und der Aufschnitt in quadratischen Scheiben. Lässt sich alles machen." Er bohrt einen Kubikmeterblock australischen Cheddars an, reicht uns die Probe. „Gut?" Wir gehen weiter in die Milchverarbeitung. „Aus unserer Milch machen wir nur Frischmilch, Joghurt und Laban." In einem Gang deutet er auf eine Pinnwand. Zahlenreihen. Die täglichen Kontrollwerte der Keimzahl. „Die hier gemolkene Milch ist so keimarm, wie sonst kaum auf der Welt." Richard beeindruckt uns gern. „Wenn wir Besuch von den großen Lebensmittelherstellern aus Europa haben, möchten die diese Zahlen am liebsten gar nicht glauben. Und fragen natürlich, wie wir das hinbekommen." – „Und wie?" – „Hohe Hygienestandards .Und das Klima ist auf unserer Seite. Wie extrem trocken es hier ist, wisst ihr ja selber."

Wieder in Riad, kontaktiere ich den Deutschlandfunk, frage, ob grundsätzlich Interesse an einem Beitrag über Frischmilch aus der Wüste besteht. Die Antwort ermutigt mich, Richard nicht nur für den Tag zu danken. Sondern auch zu fragen, ob er zu einem Interview bereit wäre. Denn wenn ich könnte, sollte ich mit O-Tönen möglichst „reportagig" berichten über Milchvieh-Duschen in Arabien, über weiße Käsecreme zu Datteln. Aber ich kann nicht. Richard sagte zwar, er wolle sich beim Management erkundigen. Danach aber war er für mich nicht mehr zu erreichen. Verschleierung gehört im Königreich Saudi-Arabien eben zum Alltag.

MISSTRAUEN AN DEN GRENZEN

Dubai, Abu Dhabi, Qatar, der Oman – da genügt für die Einreise am Flughafen ein Besucher-Visum, das bei der Ankunft in den Pass gestempelt wird. Es ist zeitlich begrenzt. Aber es reicht in jedem Fall für einen Ausflug in die Wüste, eine Partie Golf im Flutlicht, für jede Art von Besichtigung, sei es Historisch-Museales oder moderne Architektur, für Tage am Strand, Bummel durch Souks oder Einkaufszentren, mal mit Skipiste, mal mit Reminiszenzen an Ibn Battuta, dem arabischen Marco Polo. Möglich ist ein arabisches Dinner in der Wüste mit viel Kleinkunst und Kitsch-Folklore genauso wie auf einer bulligen Dhau, die touristisch bunt aufgetakelt an den anderen, dunklen Lastenseglern im Hafen vorbeizieht. Lunch im feudalen Prunk von Luxushotels oder Drinks mit Musik unter offenem Nachthimmel auf dem Dach eines Hochhauses. Dünensurfen, Kamelrennen, Ferrari-Achterbahn.

Wer nicht mit dem Flugzeug landet, sondern mit einem Auto aus Saudi-Arabien anreist, kann Grenzkontrollen erleben, die nur mit dem Etikett „Abenteuer" gut auszuhalten sind. Alles andere als „so easy", wie bei einem Ausflug von Dubai nach Hatta. Mit Jeep und Fahrer/Führer in das postkartenschöne Hajar-Gebirge. Da hatte der junge Chauffeur in bestem Englisch nur kurz gefragt, ob wir Pässe dabei hätten, weil das Museumsdorf Hatta als zu Dubai gehörige Exklave mitten in den Bergen des Oman liegt. Er fuhr uns aus der Stadt auf neuen, glatten schwarzen Straßen durch die Sandhelle mit Industrie, Gewerbe, hoch eingezäuntem Privatgelände. Dann Wüste, anfangs noch mit vereinzelt wachsenden Bäumen. Wie Streuobstwiesen ohne Gras mit Grundwasser als Landschaftsarchitekt. Vorbei an Dünen aus rötlichem Sand, vom Wind geriffelt. Weiter über Pisten aus hellem, sandigem Geröll zu vielspitzigen Bergketten. Stopp an einer Weggabelung vor einem einsamen „Supermarkt" mit kalten Getränken und den angeblich einzigen brauchbaren Toiletten auf der Tagestour. Im Laden lasse ich mich überreden und kaufe als Sonnenschutz ein schwarz-weiß- kariertes Palästinensertuch. Es wird mir sofort als eine Art Turban fest um den Kopf gewickelt Keinen Moment wäre ich auf die Idee gekommen, diesen Aufzug in Riad zu tragen. Wenig später halten wir, wie zu einer zufälligen Führerscheinkontrolle. Kein anderes Auto vor uns, hinter uns.

Es war dieser allererste Grenzübertritt, der uns zu der Annahme verführte, es ginge an den Grenzen zwischen den Golfstaaten und mit dem Oman überall entspannt zu. Ohne viel Papierkram, unter freiem Himmel. Es genügte ein prüfender Blick in die Pässe, um Fotos und Passagiere abzugleichen.

Die beiden Grenz-Aufpasser fingen haltlos an zu kichern, als sie mich mit der männlichen Kopfbedeckung sahen. Ob ich mir auch einen Bart stehen lassen wollte, fragten sie, bevor sie uns einen schönen Tag wünschten. Über den langen hohen Grenzzaun, der den Oman von den VAE trennt, der vor illegaler Einwanderung schützen soll, haben wir uns nur kurz gewundert. Er hätte uns misstrauisch machen können.

Monate später, den Grenzzaun hatten wir längst vergessen, gab es auf der Überlandreise von Riad (Saudi Arabien) über Al Ain (Abu Dhabi) nach Muscat (Oman) mehr Hürden, als vermutet. Noch in Riad entdeckte ich im Internet den Hinweis, dass omanische Grenzwächter neben dem Pass auch ein Empfehlungsschreiben des Arbeitgebers sehen möchten. Gerade noch rechtzeitig für den entsprechenden Antrag in Riad. Im Eilverfahren wurde Meinmann auf schönem Papier, mit Unterschrift und mächtigem Stempel, bestätigt, dass er einer respektablen, gut bezahlten Arbeit nachgeht. Viel länger dauerte es, bis wir dieses Dokument endlich vorlegen konnten. Selbst bei der Suche nach dem für uns zuständigen Grenzposten verrann etliche Zeit – ein Preis, den wir für Reisen auf eigene Faust in Kauf genommen hatten.

Entlang der breiten, neuen Straßen im urban durchgrünten Al Ain – helle Häuser, Palmen, Bougainvillea, grüne Hecken, Blick auf Gipfelketten im Dunst – entdeckten wir zunächst nur Hinweise auf den Kontrollposten für den kleinen Grenzverkehr und wurden dort abgewiesen. Den richtigen Weg aus der Stadt fanden wir erst, als wir begriffen, dass ein Name für die Grenzstation ausgeschildert war, nicht etwa der Nachbarstaat oder die nächste Stadt dort. Eine lange, geschwungene Straße führte durch leeres, flaches Land in Richtung einer malerischen Berglandschaft, am Wegrand nur hin und wieder Warnschilder: „Beware of road surprises." Wir fanden nichts, was uns überrascht hätte, rollten auf eine Art Maut-Station zu. Ausreise. Angenehm wenig Andrang. Wie erhofft. Allerdings musste Meinmann als europäischer Ausländer, männlich, in das Kontrollhäuschen. Ich nicht, ging aber aus Interesse mit. Eine schwarz eingehüllte, junge Frau mit Zahnspange schaute sich kurz seinen Pass an, verglich ihn mit den Wagenpapieren. Sonst nichts. Ausreise geglückt, dachten wir. Wirklich „easy". Nach zehn Kilometern Niemandsland, markiert durch lange Zäune, signalisierten viele Autos vor einem großen Gebäude, das wie ein Riegel quer zur Straße stand: Zu früh gefreut. Ausreise ist nicht Einreise. Die wird wohl länger dauern. Parkplatz suchen. Erst als jemand wegfuhr, konnten wir anhalten. Raus aus dem klimatisierten Auto, rein in den Wind aus den Bergen. Der wehte heftig, fast kühl. Über breite, fast weiße Steintreppen zum Eingang in eine hohe, weite Halle. Hell. Sauber. Übersichtlich. Platz genug für Männergruppen, Familien, Paare, die mehr oder weniger aufgereiht vor zwei Schaltern standen. An zentraler Stelle ein Schreibpult. Formulare zum Ausfüllen. Wir versuchten unser Bestes, bekamen etwas Hilfe von freundlichen, anderen Fremden, die auch warteten. Westliche Ausländer, die gern, wie sie versicherten, in Dubai leben, die im Oman öfter Ferien machen. „Aus Riad? Mit dem Auto? Geht das denn?"

Ja, das geht. Es gibt diese eine kurvenfreie Straße von der Oase Al Kharj durch die große Wüste nach Osten an die Golfküste. Vor Unfällen wegen Sandwehen wird eindringlich gewarnt, von Nachtfahrten noch dringlicher abgeraten. Also lassen wir morgens um halb sieben Riad hinter uns. Der Weg führt an der Großmolkerei vorbei. Einige Kilometer weiter erahnen wir im staubigen Dunst die Standorte der größeren Milchviehanlagen mit den über 22 000 Tieren. Danach Wüste pur. Helle, hohe Sicheldünen gliedern die Landschaft, wechseln mit rötlichen Wellenketten. Sand. Sand. Sanfte Linien, geschichtete Strukturen, scharfe Schattenrisse. Nur Dünen und Himmel und wir. Sonst nichts. Doch. Manchmal. Sand weht über den Asphalt. Die neben der Fahrbahn parallel laufende „Service Road" ist zugeweht. Mit Schaufelbaggern versuchen Arbeiter, den Weg frei zu halten. Mal schieben sie den Sand zurück, mal bringen sie die Düne in Haufen auf die andere Straßenseite, damit sie dort weiterwandern kann. Sand diktiert das Tempo, mit dem wir vorwärts kommen. Noch langsamer fahren, wenn die Straße kaum zu sehen ist. Auf die Service Road wechseln, wenn die eigentliche Straße unter Sand verschwindet. Nach langen 200 Kilometern Bilderbuch-Landschaft, noch etwa eine dreiviertel Stunde von der saudischen Grenze entfernt, ein Zeichen von Leben. Schwarze Kamele. Sie wandern als lange Kette auf die Straße zu. Zielstrebig, mit dem gemessenen Tempo sehr langer Beine. Wo sie kreuzen, wird der wenige Verkehr für eine Weile stillstehen. Wir versuchen die stetig schwindende Entfernung der Tiere zu schätzen, beeilen uns, soweit der Sand auf der Straße es zulässt. Wir schaffen es schnell genug zu sein, um im Rückspiegel beobachten zu können, wie ein Kamel nach dem anderen über die Straße schreitet. Es sind viele.

Für die bewältigte Wüsten-Distanz ernteten wir an der omanischen Grenze Respekt und bekamen einen Tipp: noch ein Formular ausfüllen. Den passenden Vordruck finden, wieder einreihen. Wir warteten abwechselnd, erfreut über Sitzgelegenheiten, Trinkwasser in Zapfanlagen und akzeptable Toiletten. Nach anderthalb Stunden Schlangestehen konnte Meinmann endlich sein Empfehlungsschreiben auf den Pass legen. Dann brauchten wir nochmal zehn Minuten, weil uns zur Weiterfahrt ein Papier fehlte, das die Zusammengehörigkeit von Auto und Fahrer dokumentiert. Die noch Wartenden wie die Beamten zeigten sich hilfsbereit. Ohne nochmals anstehen zu müssen, bekam Meinmann den Zettel, der versehentlich in die Ablage der Grenzer geraten war und auch gefunden wurde. Das registrierten wir mit großer Erleichterung. Denn der Grenzübertritt von Saudi-Arabien nach Abu Dhabi am Vortag hatte für uns das Fürchten gelehrt.

Dort vergingen über vier Stunden in einem überfüllten, von der Sonne aufgeheizten Betonschlauch.

Menschen in wehenden Gewändern drängten hinein und hinaus. Gleich am Eingang Wartehaufen vor einem dunklen Vorhang. Darüber ein Schild: Augenerkennung, als Ergänzung zum Ausweis. Wohl, weil Pässen nicht unbedingt getraut wird. Gilt das auch für Europäer? Wer weiß das? Vor einer langen Reihe von Schaltern ein von Rufen und Kinderweinen durchzogenes Gewühl. Schlechte Luft. Nachdem Meinmann in einer dicken Schlange zu einem Informationsschalter vorgedrungen war, während ich im Pulk vor der Augenerkennung einige Zeit als Platzhalter herum gestanden hatte, wussten wir: Da müssen wir nicht durch. Auf zur nächsten Schlange, um ein Formular zu erhalten, dann zur Schlange, um eine Gebühr zu entrichten, schließlich zur Schlange, um mit der Quittung, ausgefülltem Formular und Pass langsam der Visaerteilung näher zu kommen. Vor uns standen Männer, die ein gefühltes Dutzend Pässe in der Hand hielten. Die zugehörigen Familien umlagerten wenige, schmale Bänke, hockten vor Wänden, aßen, stöhnten, schwitzten. Wirklich schlecht Luft. Mit einem Inder, der die letzte Stunde vor der erlösenden Stempelei hinter uns verbrachte, kamen wir ins Gespräch. Gemeinsames Warten kann völkerverbindend wirken. Wir unterhielten uns über lohnende Reiseziele. Er empfahl uns die Liwa-Oase. Dort gäbe es eine neue Hotelanlage, die den Weg wert sei. Endlich am hohen Visa-Tresen, dauerte der Verwaltungsakt für unsere beiden Pässe höchstens drei Minuten. Der Grenzbeamte nahm ohne jede Eile die Pässe, tippte etwas in einen Computer, schaute auf die Formulare und legte sie auf einen hohen Stapel. Während er in einem unserer Pässe blätterte, kam ein anderer Beamter von hinten an die Arbeitsplatte. Der grabschte den Formularhaufen und stopfte ihn in einen großen Papierkorb.

Wenn das an der omanischen Grenze mit dem verlegten Papier passiert wäre ... Unser leises Kopfschütteln beantwortete der Inder mit vielsagendem Augenrollen. Dann machten wir ihm Platz und drängelten ins Freie. Noch eine Kontrolle mussten wir passieren, diesmal im Auto. Aufatmen? Noch nicht. Gleich auf den ersten Metern in Abu Dhabi signalisierte uns ein Polizist: Zur Seite fahren, anhalten. Meinmann sollte nachweisen, dass sein Wagen versichert ist. Saudische Policen interessierten den Beamten nicht. Er schickte uns weiter zu einem Parkplatz mit Bürohäuschen, wo Versicherungen für die Emirate verkauft wurden. Die kennen sich, oder? Nur sehr ungern wurde dort akzeptiert, dass Meinmanns Versicherung für alle Golf-Staaten galt. Erst mit einem Anruf beim Agenten in Riad ließen sich die umsatzorientierten Zweifel am vorgelegten Versicherungsnachweis ausräumen. Er hatte Meinmann vorgewarnt und mit Telefonnummern ausgestattet.

Nur vom Besten in Abu Dhabi

In Richtung Abu Dhabi-Stadt darf ich endlich hinter das Steuer. Meinmann lässt sich gern ablösen. Auf der engen, dicht befahrenen Autobahn kommen uns viele Lastwagen entgegen. In der abendlichen Dämmerung fahren alle mit alarmierend blinkenden Positionslichtern in Blau und Rot über dem Führerhaus, mit grellgelben Reflektoren auf den Stoßstangen. Anstrengend. Optische Erholung, als endlich Parkanlagen und Meerwasser in Sichtweite kommen. Im tiefblauen Himmel scheint die märchenhafte, weiß leuchtende, große Moschee von Abu Dhabi über der Erde zu schweben.

Der Verkehr verebbt auf breiten, vielspurigen Straßen. Um uns hohe, hochmoderne Häuser. Bei näherem Hinsehen vor allem Fassade in den oberen Stockwerken. Unten, auf Straßenniveau, lebt der arabische Kleinhandel unverändert weiter, gibt es Kram für Autos, für Kinder. Zum Hotel finden wir wie Schlafwandler.

Von der Sky-Bar – es gibt belgisches Bier und japanische Snacks – schauen wir hinunter auf einen viereckigen Pool mit vier quadratischen Inseln, auf denen kleine, runde Bäume stehen. Vor dem Pool läuft gerade ein Wettbewerb lokaler Rock- und Popbands, denen wir aus der Entfernung von über zwanzig Stockwerken gern zuhören. Jenseits der Mauern um den Hotelkomplex entdecken wir zwischen Brachland und neueren Büro- und Miethäusern eine kleine Moschee, grün angestrahlt, reich verziert – ein architektonisches Petit Four.

In dieser Proportion finde ich Religion sympathisch. Wenn sakrale Bauten übermächtig wirken sollen, fühle ich mich dagegen unbehaglich. Es sei denn, die Geschichte erlaubt mir kunsthistorische Distanz, relativiert den Anspruch. Gotteshäuser aus vergangenen Epochen betrachte ich losgelöst vom religiösen Auftrag. Mein Staunen über die phantastische, orientalische Eleganz der Schaich-Zayed-Moschee in Abu Dhabi enthielt deshalb auch ein Erschrecken. Denn diese immense islamische Prachtanlage gehört zur Jetztzeit. Von heute. Kein Traum. Neu gebaut. So westlich aufgeklärt verständnislos fremd und gleichzeitig bezaubert habe ich mich selten gefühlt.

Der touristische Andrang war groß, das Zeitfenster klein, in dem wir und andere Nichtgläubige – in begrenzter Zahl und nur angemessen bekleidet – in die Moschee eingelassen wurden. Das soll inzwischen einfacher geworden sein. Wir warteten in praller Vormittagssonne im formal gestalteten Park vor einer hellen Steintreppe. Im Blick die aufragenden Minarette, die vielen Kuppeln hinter der marmorweißen Außenmauer. Bewacht von Polizisten, die von der obersten Stufe aus die Treppe frei hielten, jeden zurückschickten, der sich der Moschee nähern mochte. Das Besucherkontingent sei für die nächste dreiviertel Stunde ausgeschöpft, bedeuteten sie. Auch für Reiseleiter mit Fähnchen keine Ausnahme. Um uns drängelten sich Gruppen. Kaum Einzelreisende. Wenn sie sich zufällig fanden, machten sie sich Mut, fragten betont lässig: „Auch schon länger allein hier unterwegs?", um sich zu bestätigen: „Geht doch auch gut."

Auf Kieswegen zum großen Eingangstor, entlang von sorgsam gestutzten Hecken, niedrigen Bäumen. Eilig Abaya zuknipsen, Tuch über die Haare wickeln, schnell vorbei an den Grüppchen vor der Ausgabe von Leih-Abayas. Dann langsam durch den weiten, weiß leuchtenden Innenhof gehen. Ausreichend Raum für Zehntausende. Den Schatten der hohen Mauern genießen, umschauen. Wir freuten uns über Blicke auf goldene Spitzen von

Minaretten, auf Kuppeln im blauen Himmel, bestaunten übergroße, florale Intarsien aus glatt polierten Halbedelsteinen in blankem, weißem Marmor. Gold schimmerte über Torbögen, glänzte auf den Kapitellen langer Säulenreihen. Mit unseren Schuhen im Plastikbeutel folgten wir auf Strümpfen dem ausgelegten Weg durch die weite, reich geschmückte Halle der Moschee. Der Boden bedeckt von handgeknüpftem, persischem Teppich, im Ausmaß von bestimmt einem halbem Hektar. An den Wänden Mosaiken und Einlegearbeiten. Vielfältig figurativ, farbig und kostbar. Sanftes Licht fällt von den gewölbten Kuppeln durch kunstvolle Fenster aus buntem Glas. Kronleuchter glitzern. Sie erinnerten mich an Bananenblüten. Enorm groß, enorm farbig, enorm goldglitzernd. Enorm viele Funkelkristalle von Swarovski.

Dass nur das Beste, das Teuerste, das Größte gerade gut genug ist, trifft auch zu, wenn weltliche Machtfülle und (Erdöl-) Reichtum in Arabien zur Schau gestellt wird. In Abu Dhabi genügte mir dazu der Emirates Palace. Heute ein luxuriöses Hotel. Gebaut wurde der Palast als Gästeschloss für Besucher des Scheichs. Alles im Übermaß, wie ein El Escorial auf Arabisch, vermutlich also größer. Auch das offizielle Zufahrtsportal. Eine Art doppelt dicker Triumphbogen, um den alltägliche Besucher in einer großen Kurve herum gefahren werden. Im Palast mächtige Säulen, weite Hallen. Viel royales Tiefrot, noch mehr dunkles Gold. Farblich abgestimmter Marmor. Eigentlich warme Farben. In diesen Dimensionen aber kalte Pracht. Damit kann man sich anfreunden, mit Zeit wenigstens für einen Tee in weichen Brokatkissen, sonst beim Essen in einem der Themen-Restaurants. Wir mochten es Arabisch.

Quer durch den Palast führte mein Weg zu einer Architektur-Ausstellung. Zu sehen waren Modelle von fünf noch geplanten, vielleicht schon bald realisierten Bauten aus den Ateliers weltbekannter Architekten: Das Zayed National Museum von Norman Foster, der Louvre II von Jean Novel, das Maritime Museum von Tadao Ando, das Performing Arts Center von Zaha Hadid und ein weiteres Guggenheim von Frank Ghery. Alle sollen sie die Attraktivität des Emirats als Reiseziel weiter erhöhen. Über das Schaffen der Architekten, zu den Modellen gibt es viel

Erklärendes. Während ich las, von Modell zu Modell ging, wurden zwei Reisegruppen (Briten, Deutsche) von Kreuzfahrtschiffen an mir vorbei durch die Räume geschleust. Den eiligen Führern hörte ich kurz zu und freute mich, nicht auf sie angewiesen zu sein.

Ob ein zweiter Louvre oder noch ein Guggenheim Museum künftig reiche Chinesen und Inder an den Arabischen Golf lockt, statt nach Paris oder Venedig? Es wäre für sie nicht ganz so weit. Das Wetter wäre beständiger, sonniger als in Europa. Verlieren die historischen europäischen Kulturzentren im Vergleich mit dieser vielen, zeitgenössischen Architektur an Attraktivität? Im Vergleich zu den neu entstehenden Städten des Orients wirken sie museumsdörflich, manchmal gar nur altbacken.

Auch historisierender Wüstenzauber wird in Abu Dhabi touristisch vermarktet. So in der Liwa-Oase, auf die uns der freundliche Inder in der Warteschlange an der Grenze aufmerksam gemacht hatte. Das Qasr-Al-Sarab Desert Resort liegt dort. Nahe der Grenze zwischen Abu Dhabi und Saudi-Arabien, am Rand der Rub al Khali. Architektur, Gastfreundlichkeit, Landschaft- alles arabisch phantastisch.

Um dorthin zu gelangen, hatten wir uns am Flughafen von Abu Dhabi ein Auto gemietet. Über den Landweg wollten wir nicht noch einmal einreisen. Auf der zweistündigen Fahrt ins Landesinnere, nach Süden, sahen wir häufig wasserglänzende Luftspiegelungen. Mehrfach hielten wir auf der geteerten Straße durch die roten Riesendünen, um sandverwehte Kurven zu fotografieren. Diese hohen Dünen bestehen aus eisenhaltigem, deshalb auch schwerem Sand, was ihre Färbung und Stabilität erklärt. Weißgelber, leichter Sand liegt darüber, weht in Fahnen über vom Wind gerüschte Kämme, bleibt hinter scharfen Rändern in Vertiefungen als schmückender Tupfen liegen.

An einem frühen Morgen, bei Sonnenaufgang, vor dem Frühstück, stapften wir auf eine Düne beim Hotel. Eine gute halbe Stunde vielleicht hundert Höhenmeter aufwärts, ständig auf der Suche nach festeren Stellen im Sand. Auf halber Strecke setzte ich mich auf den rieselweichen Grund, rutschte auf dem Hosenboden in eine Kuhle, um an weniger steiler Stelle den Anstieg wieder aufzunehmen. Zu noch mehr Schlitterei im Sand lockte uns das Hotelprogramm für den Nachmittag: „Dune-Bashing". Mit dem Jeep an einer Düne hoch bis kurz vor den Kamm fahren, dann mit dem unter dem Gewicht des Wagens weggleitenden Sand den Berg hinab surfen. Nächste Düne hoch. Und noch eine. Achterbahngefühle. Zum Abschluss einen Sandberg in der Falllinie sehr vorsichtig hinunter rutschen. Gefühlt fast senkrecht, tatsächlich sollen es nur 35° Neigung sein können. Aber von einer der weltweit größten Dünen, ganz in der Nähe, der Tal Moreeb, wird eine Neigung von 50° behauptet. Sie soll etwa 200 Meter hoch sein, über 1,5 km lang. Unser Sandsurf-Chauffeur meinte, am gefährlichsten seien verborgene Hindernisse, verwehtes Buschwerk. Da könnte ein Rad hängen bleiben, das Auto sich drehen, usw. Das „usw" passiert mitunter, wenn an der Tal Moreeb zum jährlichen Dünen-Festival gerufen wird. Jeden Januar. Um die Wette rasen dann Geländewagen soweit wie möglich sandauf, bis der rutschende Grund sie zum Abdrehen zwingt. Wer den Moment zur Umkehrkurve verpasst, kann samt Auto die Düne hinunter kugeln. Für Liebhaber geländegängiger Fahrzeuge, ob Buggy, Motorrad oder Jeep, offenbar ein Riesenspaß. Gemessen an der Größe der markierten Parkplätze, der Menge der Startboxen, muss die Anziehungskraft groß sein.

Als wir vom Resort aus diese Gegend erkundeten, herrschte die totale Leere. Wir standen allein am Fuß der Riesendüne, schauten die lange glatte Fläche aus dunkelgelbem Sand hinauf. Markierungsstäbe, Sandfangnetze steckten hier und da.

In der weitläufigen Oasenstadt Liwa suchten wir wenig später einen Souk. Wir fanden mit Mosaiken verzierte Straßenmauern, die lange Allee zur Heimatresidenz der Herrscherfamilie von Abu Dhabi und schließlich ein gut sortiertes landwirtschaftliches Angebot für die Oasenbauern. Technik, Dünger, Pflanzenschutz aus Europa, aus den USA. Da muss doch jemand Englisch können, uns sagen, wo wir hier Klebstoff und Datteln bekommen. Klebstoff, weil Meinmanns Badelatschen sich als nicht hitzetauglich erwiesen hatten, auseinanderfielen. Den erhalten wir sofort. Und Datteln? Datteln, weil wir inzwischen wissen, dass uns Oasen-

Datteln viel besser schmecken, als die in Europa erhältlichen Sorten aus Israel und Kalifornien. Wir folgen einem gestenreichen Hinweis und finden bei einer Abpackanlage für Liwa-Datteln ein kleines Ladengeschäft, probieren, trinken arabischen Kaffee, kaufen. Mit den Schachteln kommt Sehnsucht ins Gepäck. Wegen Datteln. Wegen Dünenmeer bei Sonnenuntergang. Wegen des Blicks in die menschenleere Weite von der beschatteten, landestypisch ausgepolsterten Terrasse vor dem Hotelzimmer. Dort versuchte ich, arabischen Gästen nachzufühlen, die dem Rummel am großen Pool fern bleiben. Einander fremde, kaum bekleidete Leute planschen dort lärmend im sonnenwarmen Wasser durcheinander, belagern dicht an dicht die Poolbar. Warum da unten zwischen diesen vielen rosa Nudeln in einer blau schimmernden Brühe schwimmen, wenn die Landschaft ringsum zur Selbstbesinnung auffordert? Passt hochgeschlossene Privatheit besser zur Wüste?

DUBAI IST NOCH LANGE NICHT FERTIG

Öffentliches Leben gehört auch in Dubai nicht zum Selbstverständnis. Den Eindruck nahmen wir mit, als wir in sommerlicher Silvesternacht 2010 den Burj al Khalifa als riesige Wunderkerze erlebten. Aus dem über 800 Meter hohen Wolkenkratzer – das Wort hat hier seine Berechtigung – sprühte zu Mitternacht aus den vielen Stockwerken funkelnd weißes Feuerwerk zur Erde herunter. Gleißend silbern, weiß dampfend, weißkugelig. Sehr edel. Und sehr kurz.

Applaus rauschte auf, dann kam Bewegung in die schaulustige Menschenmenge, verteilte sich über Straßen, Parkplätze, Grünanlagen. Wir gingen zurück ins Restaurant beim großen Wasserbecken am Fuß des Burj al Khalifa. Dort hatten wir zu Abend gegessen, mit Blick auf das Wechselspiel von bauchtanzenden Wasserorgelfontänen und hochschießenden Feuerfackeln. Dazu Musik. Wie gemacht für Prinz Ali in Walt Disneys „Aladdin". Nach dem Feuerwerk vom Burj fehlte dieses Spektakel. Die Bedienung wartete höflich, bis wir das Dessert gegessen hatten. Als wir gegen ein Uhr gingen, fielen hinter uns die Vorhänge. In der Lobby des zugehörigen Hotels war es dunkel, die Bar geschlossen. An der Vorfahrt Menschentrauben, die schon länger auf Taxis warteten. Der Verkehr sei zusammen gebrochen, die Stadt total verstopft, sagte ein Nachtportier. Wir sollten versuchen, mit der Hoch-Bahn in die Nähe unseres Hotels zu fahren. Wir querten mehrspurige Straßen, auf denen Autos in bewegungslosen Schlangen standen, liefen mit vielen anderen über die sandigen Baustellen dazwischen in Richtung Schienenstrang. Auf den breiten Zugangsrampen zum Bahnsteig entmutigend dichtes Gedränge. Wir drehten um, durften, nach einer Kontrolle, als Abendgäste zurück zur Hotel-Lobby im Burj Khalifa, vertrieben uns Zeit mit neujährlich-nächtlichen Betrachtungen: Zum Weiterfeiern gab es offenbar geschlossene Veranstaltungen in Clubs, private Partys. Aber nichts Öffentliches – trotz der biergartenwarmen Luft. Keine Böller, keine Knallfrösche. Keine aus leeren Sektflaschen pfeifend aufsteigenden Raketen, keine platt getrampelten Luftschlangen. Niemand, der im Vorübergehen Neujahrswünsche zuruft, nirgendwo sich fröhlich zuprostende Cliquen. Nur viele, sehr viele heimwärts strebende Menschen. Gegen vier Uhr morgens bekamen wir eine Limousine mit Chauffeur. Wir belohnten den Portier mit einem Trinkgeld, dankbar für diese kostspielige Lösung. Es gab immer noch weniger Taxis als Wartende. Der öffentliche Nahverkehr mit seinen klimatisierten Haltestellen pausierte.

„Dubai ist noch lange nicht fertig", meinte der Fahrer, der uns in den Stadtteil Marina brachte, wo wir uns einquartiert hatten. Ringsum Goldgräberstimmung in Hochhausformat. Entlang des künstlichen Sporthafen-Kanals wird Chicago neu erfunden. Bei Interesse für Architektur macht allein das Hinschauen Spaß. So viele verschieden gestaltete Neubauten, so viel Dekoratives, also Überflüssiges, an den Fassaden. Lichtbänder, aufwändige verzierte Fenstersimse, verspielte Balkone. Auf den Dächern, ganz weit oben, Kuppeln, halbrunde Hüte, Himmelslöcher, orientalische Palastpracht. Überall entsteht noch mehr Neues. Dagegen nimmt sich das alte Fort von Dubai winzig aus. Eine Lehmziegelburg, Museum, wie ein besserer Abenteuerspielplatz.

Auch eine Unterwasser-Stadt soll dort noch gebaut werden, erzählte unser Chauffeur auf der Fahrt durch immer noch viel

Verkehr. Stolz erwähnte er, Staatsangehöriger von Dubai zu sein. Diese Zugehörigkeit gibt es nur qua Geburt, wird vererbt und erlischt bei Ausheirat. Einheirat unmöglich. Eine hoheitliche Gnade, wenn sie an Fremde, die etwas Besonderes geleistet haben, verschenkt wird. Die beiden Pakistani, die beim Bau des Burj Khalifa in bislang unerreichter Höhe die Arbeiten an der Turmspitze zum Abschluss brachten, sollen so belohnt worden sein.

Dass sich Dubai beim Turmbau finanziell überhoben hatte und für die Fertigstellung auf Unterstützung aus Abu Dhabi angewiesen war, gehörte nicht zu den Sightseeing-Geschichten, die wir am frühen Neujahrsmorgen hörten. Dafür hatte der Turm zu diesem Zeitpunkt den für mich besten Auftritt. Aus der Ferne betrachtet, vor Sonnenaufgang, leuchtet die Spitze hoch im Himmel golden auf, wenn die Sonne noch lange nicht zu sehen ist, das Land unter dem Turm noch im Dunkeln liegt.

Das auf Segel getrimmte Hochhaus Burj al Arab lag an unserem Weg von Dubai City zur Marina. Unser unterhaltsamer Fahrer fuhr langsamer. Mit ausgestrecktem Arm zeigte er auf das viel fotografierte Hotel. Im Wettbewerb um die weltweit teuersten Zimmer liegt es auf den vordersten Plätzen. Es leuchtete in verschiedenen Farben durch die erste Dämmerung. Sozusagen im Mastkorb des angestrahlten Betonsegels befindet sich eine Bar mit direktem Zugang vom Helikopter-Landeplatz. Ein Glas einfacher französischer Rotwein soll dort etwa neuntausend Dollar kosten, behauptete der Mann mit einer Hand am Lenkrad. Wir haben es nicht überprüft. Er legte auch Wert darauf festzustellen, dass Dubai ein sehr sicherer Platz sei. Sonst könnte die Herrscherfamilie nicht so einfach mit dem Auto unterwegs sein. Am Jumereih Beach, wo der arabische Geldadel zu Hause ist, sei er selbst schon von teuren Wagen, Made in Germany, mit eindeutigen Nummernschildern überholt worden.

Schnell fahren ist angesagt. Auch der Fahrer, mit dem wir so einzigartig beiläufig die Grenzen zum Oman passiert hatten, war mit uns auf dem Weg nach Hatta über die schmalen, kurvigen Schotterwege gerast. Hinauf und hinab durch die malerischen Berge aus schroffem, rotem, lavaschwarzem und weißem

Gestein, die verschiedenen Schichten mitunter so vermengt, dass sie zu Gespensterfratzen verwittern oder an Marmorkuchen erinnern.

Diese einmalige Landschaft im Südosten der Arabischen Halbinsel durchfuhren wir ein zweites Mal allein – und langsamer – in einem Mietwagen. Wir wollten von Dubai zum Indischen Ozean, auch wenn wir uns wegen aktueller politischer Unwägbarkeiten den Weg über Musadam an der Meerenge von Hormuz verkneifen mussten. Von der Fahrt über diese zerklüftete Landspitze war uns viel vorgeschwärmt worden. Also wenigstens eine Tagestour nach Fujairah, Meinmann und ich abwechselnd am Steuer. Beim ersten Halt in Sharjah standen wir vor dem alten Fort, ohne Chance auf Einlass. Es wurde renoviert. Stattdessen entdeckten wir im ehemaligen Palast eines Perlenhändlers eine Galerie, die moderne, kalligraphisch inspirierte Kunst zeigte. In den hinteren Räumen hingen ein paar schwüle Bilder von Frauen, gemalt von einem Saudi. Alles bewacht von einer kleinen Gruppe freundlicher, junger Frauen mit Kindern. Es ist offenbar doch mehr möglich, als vermutet. In Entdeckerlaune fuhren wir weiter. Erst auf breiten, neuen Straßen über tiefe Wadis, vorbei an großen Siedlungen in Palmenhainen, mal den gezackten Horizont im Blick, mal dicht vorbei am Gestein, hell, mit einer dünnen, dunkelroten Schicht Flechten überzogen. Dann in einer von Baumaschinen durchwühlten Ebene nur noch provisorische Wege. Ödnis bis zur Küste. Am Meer Industrieanlagen, zweistöckige Gewerbebetriebe, dazwischen Einfamilienpaläste. Viel Halbfertiges. Keine Gegend zum Ferienmachen, sagten wir uns. Aber Winterflüchtlinge aus Europa und Russland kommen. Mit dem Flieger nach Fujairah, mit einem Bus zum Hotel am Strand. In einer kleinen Bucht, durch zwei hohe Kaps abgeschirmt von den industriellen Entwicklungsgebieten, entdeckten wir die auf Karten verzeichneten Ferienziele. Vorne Blick auf den Ozean, hinten das Halbrund naher, steiler Berge. Wir kurvten um die Hotels. Eine angejahrte Anlage, die sich in die Umgebung fügte, eine zweite, gleich daneben, penetrant modern. Nummer drei war noch im Bau, aber für uns bereits zu hoch, zu groß für diese Bucht. Wir hielten, schauten uns um, wollten gern an einer Strandbar eine Kleinigkeit essen. In voller Wüstenfahrt-Montur gingen wir durch eine leere, dunkle Hotelhalle. Personal beargwöhnte uns. Wieder im Licht, fanden wir die erwartete Reisekatalog-Idylle: Blick auf heran rauschende Wellen, auf Sonnenschirme aus Palmstroh im Sand. Aber wir hatten Mühe, uns den Weg zur Bar zu bahnen. Überall, um die Pools, am Strand, wirklich überall, dösten bleiche, fette Urlauber auf Liegen. Wie eine Herde heller Walrösser. Sie ließen viel ölig glänzende Haut sehen. Nirgends, wirklich nirgends, ein schöner Anblick. Warum gibt es hier keine Paravents? Wir mochten die sahnigen Mocktails nicht austrinken.

Der Tag sollte touristisch enden. Wir hatten für den Abend einen Tisch für ein Spektakel in der Wüste nahe Dubai reserviert. Der Weg aus den Bergen zurück in den Sand passte dazu, führte mitten durch hell erleuchtete Straßenmärkte. Auf dem Hinweg hatten wir nur Reihen schäbiger Garagen und Verschläge wahrgenommen. Jetzt standen Tore offen, liefen Leute in langen Gewändern mit gefüllten Tüten zu parkenden Autos. Die Farben vom aufgetürmten Obst strahlten im künstlichen Licht. Rot und Orange und Grün. Teppiche mit modernen Mustern hingen vor großen Scheinwerfern, Möbel aus dunklem Holz glänzten. Setzlinge für Gemüsegärten gehörten zum Angebot, genauso wie bunte Kinderschaukeln. Eine Kurve weiter totale Dunkelheit. Im Lichtkegel unserer Scheinwerfer sahen wir, wie aus der einen Straße durch die Berge viele Wege durch die nächtliche Wüste werden. In der Weite der Sandwellen gab jede Kreuzung mit unbeschilderten, unbeleuchteten Straßen neue Orientierungsrätsel auf. Schnitzeljagd ohne Schnitzel. Es half, dass das Auto über einen Kompass verfügte, wir uns eine Landkarte besorgt hatten. Als wir das Gebiet der hoheitlichen Pferdezucht erreichten, wussten wir uns auf dem richtigen Weg. Vom plötzlich dichten Verkehr ließen wir uns durch das Gelände lotsen, hielten abrupt vor Bremsschwellen, die zwischen den kurz im Scheinwerferlicht auftauchenden Dünen lauerten, folgten Umleitungen und standen hinter rangierenden Pferdetransportern im Stau.

An einem Abzweig steckten bleckende Fackeln im sandigen Wegrand. Wir ließen uns von ihnen zum Ziel führen und kamen nur wenig zu spät zu einer Arabischen Nacht in einem bekannten Resort in der Wüste. Der Weg vom Parkplatz zum historisierten Eingangstor führte über Teppiche auf weichem Sand. Reiter auf Pferden standen Spalier, dazwischen ein Kamel mit glitzernder Sänfte auf dem Höcker. Vor einem Karren voller Melonen warteten Fotografen darauf, dass sich eintreffende Gäste vor dieser Kulisse ins Blitzlicht stellten. Im Durchgang zum Innenhof empfingen uns Männer in traditionellen Gewändern vor appetitlich aufgehäuften Datteln und Nüssen. Einer begleitete uns zu unseren Plätzen.

Im Hof, unter sternübersätem Himmel, saßen erschreckend viele Menschen an langen Tischen, schauten zu einer Bühne, auf der eine Frau in schillerndem Abendkleid arabisch jammernd sang. Im Schein eines großen Lagerfeuers gingen wir vorbei an Büffets voll mit allem Denkbaren in Schüsseln, Töpfen, großen Pfannen, in Kühlgefäßen. Salate standen bereit, Suppen dampften, Fisch garte, an Grills lagen Geflügelstücke, Lammkoteletts und Rinderfilets, um frisch gebraten zu werden. Es gab allerlei mit Honig getränktes Gebäck, dicke Erdbeeren, Eiscreme und auch Umm Ali, meinen arabischen Lieblingsnachtisch, eine Art Brotauflauf, den ich besonders schätze, wenn es im arabischen Winter nach Sonnenuntergang kühl wird.

Wir wurden durch die Menge zu einer Nische an der Außenmauer des Forts geführt. Auf den Steinbänken um einen niedrigen, nur für uns gedeckten Tisch lagen Polster und dicke Kissen. Fast ein Séparée. Ein Krug Wasser und Schälchen mit Mezze standen bereit. Seitlich vor uns lag die Bühne, nichts dazwischen störte den Blick auf arabische Folklore. Von kriegerischen Reiterspielen bis schwabbelndem Bauchtanz – alles dabei. Bunt, artistisch beeindruckend, unterhaltsam. Als nach Stunden die Zeit für den Kaffee kam, ging die schillernde Frau mit einigen Jongleuren durch die Tischreihen, blieb sieben oder acht Mal stehen, um immer wieder von Neuem „Happy Birthday" zu singen.

An einem anderen Tag in Dubai lockte es uns nochmal an den Creek, dorthin, wo den Kai entlang die bulligen, dunklen Dhows ankern. Mit museumsreifen, leuchtend mittelasienblau gestrichenen Aufbauten. Wenn auch mit Dieselmotoren statt Takelage ausgerüstet, finde ich sie fremd und schön. Ali-Baba-Schiffe. Sie bringen oder laden Stückgut mit kleinen, einfachen Flaschenzügen. Auf Schultern von Bord getragene Fracht wird an Land aufgereiht, gestapelt. Ware platzt aus den Umkartons, wird von Händlern aus dem nahen Souk abgeholt. Ausgepackt wird viel Kram der Sorte, die mich an Los-Buden-Gewinne auf Jahrmärkten erinnert. Geladen wird Fracht für Menschen in Somalia, die, wegen der Piraten vor der Küste, sonst niemand mit Windeln, Waschmittel oder Nutella versorgt.

Zu schwimmenden Restaurants umgebaute Schiffe liegen an der anderen Uferseite. Weil der Hunger nagte und die Füße eine Pause brauchten, setzten wir mit einem Wasserbus über.

Das Deck dieses Wasserbusses, besser: Mehrpersonenfloß, schließt gerade mit der Bordwand ab. Keine Reling. Passagiere sitzen Rücken an Rücken auf einer doppelt breiten Sitzbank über der Kiellinie. Der Kapitän steht dahinter in einer Vertiefung, kann an den Passagieren so gerade vorbei schauen.

Wir entschlossen uns zur frühestmöglichen Dinner Cruise. Sanft schwamm das Schiff los, vorbei an einer langen Mauer, auf der Schilder kleben: „Fotografieren verboten". Jenseits der Mauer sind moderne Häuser zu sehen, von Palmenhainen halb versteckt. Der Palast der Schwester des Emirs, die es vorgezogen hat, unverheiratet zu bleiben. Zum „Warum wohl?" gab es keinen Kommentar. Die anderen, auch mit Lichterketten geschmückten Schiffe folgten nach und nach, begegneten uns als bunt leuchtende Silhouetten auf dem Rückweg. Dazu glitzerte und blinkte der Burj Khalifa in der Ferne. Touristenspaß pur, einschließlich Kampf um die Fleischbrocken im Curry am Büffet. Selbst die große Schale mit Umm Ali wurde fast leer gefischt. Dass auch Dhows mit Fracht ein- und ausliefen, bemerkte kaum jemand. Minimal beleuchtet glitten sie vorbei wie Schatten.

WENN IM OMAN WASSER BEI ROT STEHT

Bei unserer dritten Querung des Hajar-Gebirges – der letzten Etappe auf dem Landweg von Riad nach Muscat – erschien uns die Kulisse besonders schön. Auf einer elegant geschwungenen Autobahn rollten wir, alle Grenzkontrollen vergessend, fast allein Richtung Sohar am Golf von

Oman. Mit der tief stehenden Sonne im Rücken leuchteten uns Scherenschnitt-Gipfel entgegen, die Täler schon schwarz verschattet. Für den Rückweg von Muscat nahmen wir uns vor, über Gebirgsstraßen nach Al Ain zu fahren. Daraus wurde leider nichts, weil die Straßen nach Unwettern unterbrochen waren. Deshalb möchten wir tatsächlich nochmal dorthin. Entlang der Küstenautobahn nach Süden fädelten wir uns in viel Verkehr, der sich nach den Fahrten in Saudi-Arabien geradezu südeuropäisch zivilisiert ausnahm. Über ein häufiges Verkehrsschild wunderten wir uns: „Stop if water is at red." Wir rätselten, vergaßen es wieder, bis die Unwetter kamen, die unsere Reisepläne veränderten.

Am Ziel, südlich von Muscat, orientalisch moderne Hotel-Pracht mit Weihrauch in der Lobby. Bei der Anmeldung Datteln und der Hinweis auf islamischen Feiertage. Die zur Anlage gehörenden drei Hotels – vorzugsweise für Familien mit kleinen Kindern oder für alle oder nur für Erwachsene ohne Kinder – sind ausgebucht. Was erklärte, warum es an den Grenzen so voll gewesen war und wir nur mit Mühe ein Zimmer hatten buchen können. Was auch erklärte, warum wir nach ein paar Tapas in einer Bar im Freien den eigentlich dazu gehörigen Wein auf dem Balkon vor unserem Zimmer tranken. Eben wegen der Feiertage gab es Alkohol nur als Room-Service. Mit einem Glas Wein in der Hand, dem Blick über Palmkronen auf das Meer, auf fern vorbeiziehende Tanker, auf die sandhellen Klippen am Rande der Hotelbucht, kamen mir die Kamele wieder in den Sinn, die am Rand der Rub al Khali unterwegs waren. „Wüstenschiffe" – wie zutreffend. Lange hatte ich angenommen, der Begriff bezöge sich auf die Schaukelei auf dem Rücken der Tiere. Aber darin steckt noch viel mehr: Von Ferne scheinen die Tiere über der Dünung des Sandes zu schwimmen, mit Hälsen und Köpfen als Bug. Ihre Beine verschwinden im aufstaubenden Grund, in der lichten Hitze. Auch das Tempo stimmt. Gemessen, stetig, zielgerichtet. Noch dazu gleicht die Wüste dem Meer, genauso faszinierend, genauso lebensfeindlich für den Menschen. Ohne Schiff, ohne Kamel kommt er nicht weit.

In Muscat und Umgebung absolvierten wir das touristische Muss-Programm und können es weiter empfehlen: Der traditionelle Souk gefiel uns tagsüber besser als am Abend. Nicht ganz so voll, nicht ganz so viel Touristen. Die weiße Moschee, die fünf Mal in der Woche vormittags besichtigt werden kann, mochten wir besonders wegen der Blicke aus dem formalen arabischen Garten durch hohe Torbögen auf die Berge, wegen der vielen mosaikgeschmückten Nischen, Weiß, Blau und Gold. In der Hauptmoschee bunt verglaste, spitz zulaufende, schmale Fenster, rokkokoverspielt gemauerte Regale für Koranausgaben. Hier liegt der angeblich größte Orientteppich der Welt unter dem zentralen, aberwitzig großen, blitzend dicht behangenen Kristallleuchter. Das erinnert an Abu Dhabi und es stellt sich auch in Hinblick auf Moscheen offenbar mal wieder die Frage: Wer hat den Größeren? Der Bau in Muscat stimmt freundlich, wirkt fast verspielt. Nicht so spitz, nicht so eckig, so absolut schnörkellos wie viele Moscheen in Saudi-Arabien. Wie die Moscheen, so das Land? Jedenfalls erschien uns der Oman insgesamt nicht so abweisend wie der große arabische Nachbarstaat. Die ferne Gegenküste, das farbige Indien, klingt an. Das Bombastische scheint weniger machtbesessen, bekommt im Oman in europäischen Augen mehr Märchenhaftes. Etwa in der Hotelhalle des Al Bustan, die eine über 30 Meter hohe Glaskuppel überwölbt. Die erste Prunk-Unterkunft, die in Muscat gebaut wurde. Von fern sieht sie aus wie ein gewaltiger Insektenstock. Eine politisch sicher unkorrekte Assoziation. Unerwartet auch der Anblick des neuen, auf Eindruck und Moderne bedachten Palasts des Sultans – so fröhlich farbig, so rund, so von heute. Der Bau liegt an einem Naturhafen. Eingerahmt von traditionell mit Lehm errichteten Festungen und Wachtürmen in den nahen Bergen. Nicht weit davon staunten wir über eine gänzlich aus Palmwedel-Teilen errichte Hütte. Davon hatten wir schon gehört, sogar Fotos gesehen. Doch das echte, dichte Flechtwerk hat unsere Vorstellungskraft überstiegen. Der kleine Bau stand im Garten eines kleinen, völkerkundlichen Privatmuseums mit sehenswertem Silberschmuck – für die Füße.

Keinen besonderen Eindruck machte auf uns dagegen ein Gebirgstal mit einer gerühmten, wild sprudelnden Quelle, Al Thowara. Touristen suchten in Scharen halbwegs trockene Stellen, um dort zu picknicken. Viele Europäer liefen herum. Kleine

Gruppen kamen mit Mountain-Bikes, große mit dem Bus. Dabei bietet ein grünes Tal mit Quelle für Mitteleuropäer wirklich nicht viel Neues. Aber vertraute Szenerien scheinen reizvoller zu sein, als das Fremdartige. Denn weit weniger Besucher trafen wir auf der restaurierten, museal ausstaffierten, fotoschönen Lehmfestung Nakhal an einem der ersten Gebirgshänge. Rund geformte Lehmzinnen vor schroffen Felswänden, über Tälern voll grüner Palmkronen.

Von hier sahen wir die nächsten Wolkenbänke, die sich am Küstengebirge abregnen sollten. Sturzbäche verteilen sich dann in der Ebene Richtung Meer in breiten Wadis. Wir wollten vor dem Regen wieder auf befestigten Straßen fahren, beeilten uns, registrierten die vielen Gärten und Felder mit Gemüse und Obst vor allem als Zeichen reichlicher Niederschläge. Die Zeitungen hatten nur vor überfluteten Straßen im Süden des Landes gewarnt. Wir waren deshalb nördlich von Muscat unterwegs gewesen, hatten im bergigen, kurvigen Hinterland von Wasserstürzen und Schlammlawinen halb zerstörte, dennoch bewohnte, bedrückend armselige Siedlungen durchfahren. Der Regen holte uns ein. Schlaglöcher auf den steinigen, schmalen Wegen durch die Dörfer füllten sich mit Wasser. Es rieselte in abertausend Rinnsalen bergab, überschwemmte schließlich die viel befahrene Küstenstraße. Wo Wadis diese wichtige Straße kreuzten, gab es keine Brücken. Nur lange Reihen weißer Pfähle, ähnlich einer Mittelleitplanke. Einige rote Pfähle überragten am Anfang und am Ende der Reihe die weißen. Als wir eine überflute Strecke durchfuhren, sahen wir von den weißen Pfählen nur noch die Köpfe. Die roten ragten allerdings noch hoch aus dem Wasser. „Stop if water is at red." Ach so. Wenn die weißen Pfähle verschwunden sind, gibt es keine passierbare Furt mehr, steht das Wasser für Autos zu hoch. In einer Gänsemarsch-Kolonne ging es langsam, sehr langsam durch die braune Flut. In unserem hochbeinigen Wüstengefährt schien uns das unnötig. Also scherte Meinmann auf die leere Überholspur aus und wir rauschten, ja, rauschten buchstäblich, an einigen PKWs vorbei. Wildes Hupen begleitete uns. An die Wellen, die wir verursachten, hatten wir nicht gedacht. Zum miserablen Image, das Autofahrer aus Saudi-Arabien im Oman haben, dürften wir beigetragen haben.

Am nächsten Morgen stand die Frühstücksterrasse unseres Hotels unter Wasser. Wir wurden nachdringlich zum Bleiben aufgefordert. Wenigstens noch die nächste Wetterfront sollten wir abwarten. Mit dem Auto kämen wir nicht weit. Staus an den roten Pfählen. Hätten wir das gewusst, hätten wir rechtzeitig Karten für die Opernfestspiele besorgt. Im Wettbewerb der arabischen Fürstentümer um zahlungskräftige Touristen hat der Oman, als Ergänzung zur malerischen Landschaft, auf Musik gesetzt. So wie Abu Dhabi auf Kunst und schnelle Autos, Dubai auf Shopping und großen Flughafen. Seit 2011 gibt es in Muscat ein Opernhaus, das zweite öffentlich zugängliche im Vorderen Orient nach Kairo. Allerdings wurde das Haus in Kairo von den Muslimbrüdern geschlossen. Mit welchem Programm mag es dort weitergehen? Von westlichen Musikern und europäisch geschultem Publikum wurde das Gebäude in Muscat nach seiner Eröffnung sehr gelobt. Arabisches Publikum kritisierte auch im Oman eben genau dieses Westliche.

Statt uns auf einen Opernbesuch vorbereiten zu können, folgten wir dem Wegweiser zu einer als öffentlich apostrophierten, maritimen Forschungsstation. Hier waren wir zwischen vielen kleinen Aquarien eine Weile ganz allein, bis sich ein Omani aus einem Labor dazu gesellte, entzückt über Besuch. Mit etwas Englisch, ein bisschen Latein und viel Handarbeit erklärte er seine schwimmenden Schätze. Lange standen wir vor dem größten Becken, in dem winzige Schildkröten durch das Wasser wimmelten. Es ging um die Spuren, die wir am Strand vor unserem Hotel suchen sollten. Von den Schildkröten, die nachts in die Bucht kämen, über den Sand kriechen, um Eier abzulegen. Verschiedene Schildkröten, verschiedene Spuren. Dass der angesagte Regen alle Spuren ausradieren würde, sagten wir nicht. Und dass wir die Ganzkörper-Badekleider der Araberinnen, die im Hotelpool saßen, ebenso entdeckungswürdig finden, wie Schildkrötenspuren, behielten wir auch für uns.

An diesen Details interessiert, suchten wir im Souk ohne Glück nach entsprechenden Geschäften, blieben in der Gasse mit den Pashmina-Händlern hängen. Diesmal gelang uns ein formvollendet verhandelter Einkauf, und wir wurden dafür vom Händler mit Kaffee belohnt.

Das lief so: An Auslagen entlang schlendern ohne auf Zurufe zu reagieren, zurück bummeln, wie zufällig bei einem Laden stehen bleiben, einen Schal betrachten. Der Verkäufer zeigt sofort weitere Schals, fragt, wonach wir suchen, holt besonders schöne Exemplare aus einem Koffer. Wählerisch Schals hier und da befühlen, ohne Präferenzen zu zeigen. Nach dem Preis für einen Schal fragen, nochmal befühlen, zu teuer finden, den Laden fast verlassen, neuen Preis anhören, gequält schauen, nach etwas Ähnlichem, aber Billigerem suchen. Preis für zweiten Schal erfragen. Entsetzt die Augen aufreißen. Abgesenkten Preis für beide Schals zusammen erfragen. Das Angebot deutlich nach unten abrunden, trauriges OK des Verkäufers abwarten. Geldbeutel zücken. Nochmal zögern und einen dritten Schal als Dreingabe verlangen. Erst nach dem letzten Verhandlungszug folgte mit einem kurzen, anerkennenden Blick die Einladung zum Kaffee.

WEGRANDNOTIZEN

Abu Dhabi: In einer weiteren lauen Nacht saßen wir in den ersten Morgenstunden in einer gut besuchten Bar mit Alkohollizenz. Internationales Publikum. Die meisten Gäste sind in Urlaubsstimmung, manche in geschäftliche Gespräche vertieft. Ein dunkelhäutiger Mann, im perfekt sitzenden, hellen Anzug mit Einstecktuch, gesellte sich zu uns. „Ich komme aus Somalia, bin aber kein Pirat", stellte er sich lachend vor. „Und Sie?" „Aus Deutschland." Wir lachten freundlich zurück, hoben unsere Gläser zum Gruß kurz an (Meinmann trank Bier, ich einen Strawberry Daiquiri) „Aus Deutschland?", fragte er nach. „Aber doch nicht aus dem Osten, oder?" Wir verstanden nicht gleich, worauf er anspielte. Jeder reist mit seinen eigenen Vorurteilen durch die Welt. „Wir sind so wenig fremdenfeindlich, wie Sie nicht Pirat sind", sagte ich endlich. Darauf konnten wir mit ihm anstoßen. Bei Vollmond auf die Völkerverständigung. Ein äußerst frommer Wunsch. Nüchtern betrachtet eine Unmöglichkeit, bei so viel verschiedener Frömmigkeit ringsum.

Dubai: Was an den viel beschriebenen, künstlichen Ferienhausinseln vor der Küstenlinie des Emirats fasziniert, konnte ich im Vorbeifahren nicht entdecken. Viele kleine Inseln sollen inzwischen wieder im Meer verschwinden. Die sichtbaren Apartmenthäuser hatten was von sozialem Wohnungsbau für Reiche. Auf den zweiten Blick dürften die Wohnungen, wie auch die auf Privatinseln versteckten Villen, einigen finanziellen Charme entfalten. Aufgeschüttetes, künstliches Gelände darf an Ausländer verkauft werden. Ein Wohnsitz im Steuerparadies, wie gemacht für millionenteure Teppiche- durchwirkt mit Goldfäden, mit Halbedelsteinen bestickt. In einem kleinen Einkaufsparadies für Exklusives habe ich sie im Schaufenster liegen sehen. Sehr Tausendundeine Nacht.

Liwa-Oase: Dünen bis zum Horizont. Irgendwo muss Saudi-Arabien anfangen. Wo die Grenze von Abu Dhabi verläuft, möchten wir vom Dünensurf-Chauffeur wissen. Er lacht. Eigentlich sei das ganz einfach. Nach Süden in die Wüste laufen und dabei auf das Smartphone schauen. Wenn der Netzbetreiber wechselt, schleunigst wieder umdrehen. Eine genauere Auskunft gibt es für uns nicht.

Abu Dhabi: Auf halbem Weg aus der Wüste zurück zur besiedelten Küste halten wir im platten Gelände am nationalen Automuseum. In einer Pyramide steht die ausgefallene Sammlung des vormaligen Scheichs Hamad Bin Hamdan Al Nahyan. Zum Beispiel eine lange Reihe S-Klasse-Mercedes aus einer längst ausgelaufenen Modellserie, jedes Exemplar in einer anderen pastelligen Regenbogenfarbe. Alles was üblicherweise chromglänzt, schimmert golden. An zentraler Position ein roter Dodge - Pickup. Einmal im Normalformat, einmal als Nachbau für ein Kind und einmal als Nachbau für einen Riesen – allein die Räder dürften fast zwei Meter hoch sein. Dazu noch Kurioses, wie Strandbuggies mit kristallglitzernden Sitzen und Militärisches, wie ein Ur-Jeep von Lamborghini. Auf dem Platz vor der Pyramide steht ein Ungetüm aus Stahlblech mit einer Achse. Ein Wohnwagen, so groß wie zwei Reihenhäuser. Platz für acht Schlafzimmer mit zugehörigen Bädern und vier Garagen. Auf dem Dach, nur zu erspähen, eine Satellitenschüssel und das Geländer einer Aussichtsterrasse. Wenn ich es nicht mit eigenen Augen gesehen hätte, hielte ich es für maßlos übertrieben. Also stimmig. Auch an maßlose Übertreibungen kann man sich gewöhnen.

Dubai: Beim Friseur bedient mich eine Russin, die über eine App Englisch lernt, wenn sie nicht gerade Haare wäscht. Sie fühlt sich wohl in Dubai. Als Meinmann in den Laden kommt, um mich abzuholen, erschrickt sie. Sofort legt sie Föhn und Bürste weg, schiebt Meinmann eilig vor die Eingangstür, redet dabei aufgeregt auf Russisch. Sehr erleichtert kommt sie zurück, spricht wieder Englisch. Das sei ein Salon für Damen. Eintritt für Männer verboten. Wie gut, dass gerade keine Araberin im Raum gewesen sei. Das hätte Ärger geben können.

Meinmann wartet auf dem Bürgersteig, betrachtet die mit Plakaten zugeklebten Fenster des Geschäfts, als ich herauskomme. „Ich dachte, dass sei einfach Werbung für Shampoo oder sowas", sagt er. „Sieht auch so aus", antworte ich. „Nach deinem Rauswurf habe ich mir die Fenster genau angeschaut. Tatsächlich kein einziges Guckloch." „Hier kann Frau noch Geheimnisse haben", grinst Meinmann. „Männerfreie Zonen. Wer damit groß wird, mag vielleicht nicht mehr darauf verzichten", antworte ich. „Aber ich? So eingezäunt?"

Auf dem Weg von Sharjah nach Fujairah: Wir passieren eine größere Siedlung in den Bergen, kurz darauf eine ebene Fläche, vielleicht so groß wie zwei Fußballfelder. Das Areal ist weiß betupft mit unzähligen kleinen Sonnenschirmen. Ein Festplatz? Eine Picknick-„Wiese"? Jedenfalls sieht es kunstvoll aus, so, als habe Christo hier zwischen mickrigen Bäumen und kleinen Büschen noch einen Platz für seine „Land-Art-Umbrellas" gefunden.

In einem größeren Busch haben sich viele der allgegenwärtigen, dünnen Einkaufstüten verfangen. Er sieht aus einiger Entfernung so aus, als stände er in üppiger, weißer Blüte.

Dubai: Die arabisch und englisch beschrifteten Nummernschilder der vielen Autos eignen sich, schnelles Zahlenlesen zu üben. Die europäische Variante der Ziffern ähnelt nur bei der Eins und der Neun den arabischen Zeichen. Mit dem Blick für Zahlen sah ich unterwegs, dass an Häusern wiederholt eine „39" plakatiert war, groß, hoch, weithin sichtbar. Die Bedeutung versuchte ich anderntags in einem breit sortierten Buchladen zu ergründen. 39. Regierungsjahr des Herrschers? 39 Jahre Vereinigte Arabische Emirate? 39. Sure? In Riad wäre ein vergleichbares Stöbern in Büchern und Zeitungen nicht möglich gewesen. Nach einigem Suchen und Blättern erschien mir „39" als Abkürzung für die Sure „Gott ist groß" plausibel. Schnell lesbar für alle, die den Koran soweit kennen. Für die Anderen, die Nichteingeweihten, eine kalligraphische Dekoration.

Abu Dhabi: Im „Brauhaus", wo Weizen, Pils, Lager reichlich fließen, hängen über der Theke Seidel für Stammgäste. Auf den gravierten Zinndeckeln stehen auch arabische Namen. Und an einem kleinen versteckten Tisch sehe ich zwei Männer mit Bierschaum im schwarzen Bart, auf dem Kopf die rotkarierte Shemag.
 Abends in einem Café am Wasser mit Blick auf die Skyline. Während ich versuche, wie viele hier, Shisha zu rauchen, wobei ich so meine Schwierigkeiten habe, bis es endlich blubbert, knattern zwei Scooter um die Wette über die Wasserfläche, gelenkt von zwei junge Frauen. Mit Hijab vorm Gesicht und wehender Abaja im Rücken. Ihr Lachen hüpft über Gischt und kurze Wellen bis zum Ufer.

DIE KAABA ALS WEGWEISER

Die Zweitagefahrt von Muscat zurück nach Riad unterbrachen wir an der Golfküste des Emirats, kurz vor der saudischen Grenze. Eine Nacht in einem Ferienhotel, in der Nähe von Jebel Dhana, das per Flugzeug gut zu erreichen ist. Ein Reiseprospekt-Resort direkt am Meer. Unsere Anreise mit dem Auto aus Osten verlieh dem Ort etwas Surreales. Über viele Kilometer führte die Straße zum Glanzfoto-

Hotel durch erdölreiches Gebiet. Raffinerien, wohin wir schauten. Beim Einchecken erwähnte ich, dass das Hotel wohl in einer Boom-Gegend liegt. Der Mann am Empfang nickte lächelnd. „Ja, das ist ein prosperierendes Gebiet hier", sagte er und ergänzte hörbar stolz, „und demnächst soll in der Nähe auch ein Atomkraftwerk gebaut werden." Das klang, als sei es das Nonplusultra jeder wirtschaftlichen Entwicklung.

Kurz vor der saudischen Grenze übernahm Meinmann das Steuer wieder exklusiv. Ich konnte mich voll der Betrachtung von bizarren Felsen in der weiten Landschaft hingeben. Wenn es eintönig wurde, versuchte ich mit aktuellen, keineswegs selbstverständlichen und von Meinmann lange gesuchten Straßenkarten und Lektüre von Reisetipps unsere weitere Route auszumachen. In Al-Hofuf, einer Oase mit drei Millionen Dattelpalmen, wollten wir eine Mittagspause einlegen.

Am Ziel gelang die Orientierung nur mit Mühe. In der gesamten Stadt gab es nur arabische Wegweiser. Keiner wies eine uns vertraute Buchstabenfolge auf. Wir überlegten ernstlich, unser GPS zu aktivieren, das wir für den Notfall eingepackt, aber nie gebraucht hatten. Einziger Fingerzeig für uns war das Piktogramm für die Kaaba, das manche Schilder ergänzt. So hatten wir wenigstens eine Himmelsrichtung: Mekka, diesmal im Westen, Mohammed, p.b.u.h. , sei's gedankt. Im arabisch-ländlichen Mittagsgewühl der Oasenstadt fanden wir so das angestrebte internationale Hotel. Neu gebaut, neu eröffnet. Froh über den vertrauten, westlichen Schriftzug an dem modernen Betonklotz parkten wir im Schatten von Bäumen auf dem Hotelgelände. Wenig später umgab uns arabisch prächtige Innenarchitektur. Wie eine Filmkulisse, aber echte Hotelhalle. Mit einer geschwungenen Doppeltreppe in der Lobby für ganz große Auftritte. Sicher gut für alle denkbaren arabischen Feierlichkeiten. Seitentüren aus kompliziertem Schnitzwerk verbargen die Zugänge zu verschiedenen Restaurants. Mediterran, Indisch-Chinesisch, Libanesisch. Alle mit Family Section. Wir hatten die Wahl.

Nach dem besten Weg zurück zur Autobahn erkundigten wir uns an einer Tankstelle mitten in der Stadt. Baustellen mit Umleitungen gaben uns auch in Al-Hofuf mal wieder Rätsel auf. Ein

Araber, der neben uns seinen Tank füllte – ein Liter Benzin für neun Eurocent, fünf Cent für Diesel, 15 für Super –, bot sich an, uns zu lotsen. Auch er führe nach Riad. Wir folgten ihm eine Weile, dankten hupend an einer Ampel mit auch für uns eindeutigen Wegweisern.

Auf einer doppelspurigen Straße ging es weiter durch karges Land. Flaches Geröll und nur wenig Sand an den Rändern wie auf dem Mittelstreifen erlaubte, dass Autos überall auf- oder abfahren konnten. Unabhängig von der Richtung, also auch quer über die Mitte. Das machten wir auch, um zu tanken. Es gab ja kaum Verkehr. Und es gab keinen Wind. Nur himmelblausten Himmel über langen, ziegelrot zerfließenden Hügeln, über unberührten Dünenketten aus mehlweißem Sand.

„Formen, wie sanft überbackener Eischnee."

Mit der sinkenden Sonne gewannen die Wellen und Bögen an Tiefe, wandelte sich der Horizont zum Versprechen von noch mehr majestätischer Anmut. Frühe Abenddämmerung übermalte die Wüste mit sanftem Rotgold, ließ alle darin lauernden Gefahren vergessen. Wir hätten diesem magischen Moment noch Stunden nach Westen folgen mögen. Die Venus blinkte auf, als erste Schatten schwarz wurden.

„Ein Zuckerkristall auf kandierten Orangenscheiben, getaucht in Schokoladendunkel."

„Hast Du Hunger? Eine Dattel?"

Der Lichtwurm der Autobahn zwischen Bahrain und Riad, der aus einem Tal vor uns aufschien, holte uns in die Realität zurück. Wir fanden den dichten Verkehr sehr beruhigend. In der Autoschlange brauchten wir bei der nächtlichen Überlandfahrt keine einsame Kollision mit Kamelen befürchten, vor der wir gewarnt worden waren. Alhamdulillah – so was wie „Gott sei Dank".

RIAD AN SICH (3)

Palmen rauschen, Sonne scheint, Poolwasser blinkt hinter den Schutzmauern für Ausländer. Nach dem zweiten, nicht wirklich willkommenen Ruf des Muezzins aufstehen. Unter der Dusche vergeblich auf kaltes Wasser hoffen. Kälter als lauwarm geht nicht bei den Außentemperaturen.

Zweimal um den Golfplatz gehen, auch wenn es dafür gegen sieben Uhr morgens eigentlich schon zu spät, weil zu heiß ist. Im Schatten eines Baumes baden Spatzen im Sand, so ausführlich, dass sie viele kleine Kuhlen hinterlassen. Statt Sandbad tagsüber in klimatisierten Räumen über Sunni, Shia und Geldanlagen lesen, den von den *Arab News* nach Osten verschobenen Fokus für Konflikte wahrnehmen. Furcht vor dem Iran. Furcht vor Terror, der aus dem Jemen kommt.

Dazu der Hinweis, dass Diamanten leichter sind als Gold und deshalb einfacher im Fluchtgepäck zu verstauen, sollte es zu kriegerischen Unruhen kommen.

In der *Saudi Gazette* beklagt eine Frau das saudische TV-Programm. Zuviele türkische Soap-Filme nach amerikanischem Muster und das nicht nur mit Untertiteln, sondern auch noch synchronisiert. Da versteht ja jeder alles. Ihre Beschwerde beim saudischen Sender hätte nichts gebracht. Er hätte sich auf positive Ergebnisse von Zuschauer-Umfragen berufen. Die Verfasserin des Zeitungsbeitrags gibt sich entsetzt und beschwört islamisch-weibliche Werte: „The virtue we hold dearest in our heart such as female shyness and modesty, putting the happiness of your family ahead of your own, fidelity, integrity and generousity." Die heftigen, teuren Klamotten, die unter den Abayas versteckt werden, gehören auch dazu?

Die *Arab News* berichten anderntags über einen kleinen Alltagsprotest gegen Althergebrachtes: Weil die Namen von weiblichen Familienmitgliedern traditionell geheim gehalten werden, nutzen junge Saudis neuerdings die Namen ihrer Mütter als Twitter-Alias und glauben, auch damit die Sache der Frauen zu befördern.

Dazu erzählt Meinmann von einem wohl wirksameren, königlichen Schachzug: Kindergeld wird eingeführt, das den Müttern, nicht den Vätern zustehen soll. Damit Mütter darauf zugreifen können, muss für sie ein auf ihren Namen lautendes Bankkonto eröffnet werden. Das ist keine Selbstverständlichkeit angesichts der eingeschränkten Geschäftsfähigkeit von Frauen, ihrer Abhängigkeit von männlichen Garanten. So könnte eine Rechtsgleichheit zwischen den Geschlechtern beginnen, die auch in der westlichen Welt erst seit zwei, drei Generationen währt.

Abends an der Poolbar in nachbarlicher Gesellschaft noch kühlere Nachtluft genießen. Die Wasserdampf-Ventilatoren sind abgeschaltet. Nur noch +32°C. Korbstühle werden zusammen gerückt, alkoholfreies Bier schäumt in dickwandigen Wassergläsern. Jemand bestellt Nachos mit frischer Guacamole, ein anderer nagt Hühnchenfleisch von Saté-Spießen. Angesichts der gefallenen Temperaturen regt sich mit dem Appetit auch Lust, mal wieder selber etwas zu kochen und schon steht die Einladung zu einem Abendbrot mit Wein und Bier aus heimlicher Herstellung. Dazu illegales Schweinefleisch, das wohl mit asiatischem Diplomatengepäck landete.

Am nächsten Tag kaufen wir als Mitbringsel für die Gastgeber Teebecher von einem deutschen Porzellanhersteller. Der Laden – selbstredend in einer marmorglatten, klimatisierten Mall – lag günstig auf dem Rückweg vom Golfplatz in der Wüste. Dort hatte sich über den satt gewässerten Fairways wegen der gefallenen Temperatur eine ungewöhnliche Schwüle ausgebreitet. In Schattenflecken von etwas Gebüsch nahe den Abschlägen saßen bunte Wiedehopfe träge, ließen sich nur kurz von einem falbenfarbigen, hochbeinigen Wüstenhund aufstöbern, der langsam vorbei trottete.

Als wir beim Essen in britisch-chinesisch-deutsch-französischer Runde von der plötzlich vermissten hochsommerlichen Hitze erzählen, übertrumpfen sich die Anwesenden mit Schauergeschichten vom saudischen Wetter.

Erst ging es um Sandstürme, die als dunkle Wand aufziehen, mehlfeinen Sand in jede Ritze blasen. Durch den nebeldichten, lehmgelben, brausenden Staub fahren Autos – ausnahmsweise langsam! – mit eingeschalteten Licht und Warnblinkern. Bei einer Fahrt von der Naturgewalt überrascht, hatte einer der Gäste beobachtet, dass sich selbst militärisches Wachpersonal vor dem Innenministerium in Schutzhütten zurückzieht. Männer, die ins Freie müssen, wickeln sich die langen Zipfel der Ghutra vor das Gesicht, hasten zum nächsten Unterschlupf. Wer kann, Frau kann, bleibt in geschlossenen Räumen. Die Wachleute, die die Einfahrt zum Compound kontrollieren, ernten Mitgefühl. Wenn sich ein Auto bei Sandsturm den Schranken nähert, kommen sie aus dem Torhaus, wie immer. Sie schieben sich die Schirmmütze tief in die Stirn, tragen Atemmasken. Manche halten sich dazu noch ein dünnes Baumwolltuch vor Nase und Mund, wenn sie ins Freie treten.

In der Runde kennt jeder jemanden, der wegen des vielen Staubs in der Luft nach ein, zwei Jahren im Land unter Asthma litt.

Die Autos, die die Wachmannschaft passieren läßt, rollen vorsichtig weiter bis zu den Parkplätzen. Dort steigt niemand aus. Lieber abwarten. Nur wenn dem fliegenden Sand noch Regen folgt, stürzt jeder so schnell wie möglich in seine Wohnung. Denn dann birgt jeder Tropfen eine gute Portion feinen Lehm, verspritzt beim Aufprall in viele braune Kleckse und verdreckt alles. Kein Wetter für weiße Kleider. Auch nicht für schwarze.

Heiterkeit mischt sich mit warnendem Kopfschütteln, als ich von einer Einkauftour nach einem Wolkenbruch erzähle. Nicht wegen der Lehmflecken, sondern wegen des möglichen Ärgers mit der Religionspolizei: Ich hatte mich richtig daneben benommen. Behängt mit Einkäufen war ich über eine Parkfläche vor einem Supermarkt zum Shopping-Bus gelaufen. Saudische Frauen warten in aller Regel am Ausgang der Läden darauf, von Fahrer, Mann, Bruder, mit dem Auto abgeholt zu werden. Bei Regen sowieso. Ausländerinnen wie ich gehen selbst dann zum parkenden Auto. Das ist an sich akzeptabel. Nun regnete es noch leicht, es gab große Pfützen, was bei mir einen westlichen Dreckwetterreflex auslöste. Ich raffte den Saum meiner Abaya auf Kniehöhe, hielt den Stoff mit den Tragetüten fest und suchte auf meinem Weg nach flachen Stellen im Wasser. Erst als ich den Kleinbus erreicht hatte, ließ ich die Abaya wieder über meine – langen – Jeans zum Boden fallen. Beim Verstauen der Tüten sah ich dann drei Männer, die in der Nähe bei ihren Autos standen. Sie starrten mich schockiert an, einer mit weit offenem Mund. Keine Mutawah. Glück gehabt.

Leichte Regenfälle ohne Sandfracht dringen seltener in die Mitte Saudi-Arabiens vor als die Staubwinde, sind aber nicht außergewöhnlich. Die Saudis gehen dann ins Freie, lassen sich berieseln, finden es köstlich, naß zu werden. Dafür gibt es glaubwürdige Augenzeugen am Tisch, auf dem inzwischen Schokoladenkuchen mit Schlagsahne steht, nach süßsaurem Schweinefleisch, Reis und Tomaten-Okra-Zwiebel-Gemüse. „Regen. Das kann der reine Horror sein", sagt der Gastgeber beim Aufschneiden des Kuchens. Alle am Tisch wissen, wovon er redet. Aber niemand möchte darüber beim Dessert sprechen.

In den südlichen Außenbezirken von Jeddah starben Ende 2009 mindestens hundertzwanzig Menschen bei ergiebigen Regenfällen. Das Wasser riss Autos mit, flutete – angeblich ohne Genehmigung – billig gebaute Häuser. Neben dem Skandal um den fehlenden, sicheren Wohnraum, die mangelnde Bauaufsicht, gab es einige Diskussion um eine junge Frau, die geistesgegenwärtig mit ihren jüngeren Geschwistern im elterlichen Jeep dem Unglück davonfuhr. Frau am Steuer – darf doch nicht sein. Dank höherer, königlicher Einsicht blieb die Lebensrettung straffrei.

Auch Riads Straßen können zur tödlichen Falle werden, wenn es aus dunklen Wolken richtig schüttet. Allerdings sind Regenfluten hier so selten, dass niemand damit rechnet und den neuen Verkehrswegen funktionierende Gullys fehlen. Die gibt es in Wadis ja auch nicht. Seit 2010 mitten in der Stadt Menschen in einem Auto ertranken, hat sich herumgesprochen, dass Unterführungen volllaufen können. Schnell aufstauendes Regenwasser war in den Auspuff eines Wagens gelangt, hatte den Motor lahm gelegt. Die gesamte elektronische Steuerung fiel aus. Weder Türen noch Fenster hatten sich öffnen lassen. Fazit: Nicht nur bei Sandstürmen, sondern auch bei Sturzfluten sich besser nicht auf die Straße wagen. Im Übrigen herrscht Gelassenheit: Wasser verdunstet. Notfalls muss die Feuerwehr Wasser abpumpen, um überflutete Straßenabschnitte schnell wieder passierbar zu machen.

Der Kuchen wird gelobt. Espresso wird mit der Bemerkung herum gereicht, er sei mit Flaschenwasser gekocht worden. So dreht das Gespräch vom Regen zu Wasser.

„Dem Leitungswasser hier traue ich nicht. Nicht einmal zum Zähneputzen." – „Aber wenigstens gibt es Wasser. Ohne das wäre Riad nicht so gewachsen." – „Trinkwasser fließt, als gäbe es in diesem Teil der Welt nichts Selbstverständlicheres" – „Wie oft hier Straßen unter Wasser stehen. Unglaublich." – „Sagte jemand Trink-Wasser? Lieber alkoholfreies Bier, als das Zeug aus der Leitung." – „Für die Waschmaschine genügt es." – „Aber Haare sollen unter der Qualität von entsalztem Wasser leiden. Es gibt Shampoo dagegen." – „Wasser sollte etwas kosten, dann würden Rohrbrüche schneller repariert." – „Der Nutzen vorbeugender Wartung gehört nicht zu den Einsichten, die in der Wüste wachsen." – „Sauberes Süßwasser, das wird noch zur Seltenheit und Erdöl als Konfliktstoff ablösen." Stammtischweisheiten mit Blick auf Vollmond hinter Dattelpalmen. „Möchte jemand Whiskey? Mit Eis? Aus Flaschenwasser, versteht sich."

Es stimmt. Wasser läuft nahezu gratis durch die Rohrleitungen des Königreichs bis in die Haushalte, die Swimming Pools, die Grünanlagen, die landwirtschaftlichen Betriebe. Es ist eine Form, den immensen Reichtum des Landes mit allen Einwohnern zu teilen. Es stimmt auch, dass Wasser nicht überall und jederzeit einwandfrei aus dem Hahn kommt. Energieaufwändig wird es über Meerwasserentsalzung gewonnen oder aus tiefen Schichten der Erde hochgepumpt, dann weit verteilt. Schon gibt es Sorgen, die unterirdischen Reservoirs könnten unbedacht so tief abgesenkt werden, dass Meerwasser nachströmen und den Restbestand an Süßwasser verderben könnte.

Der verschwenderische Umgang mit Wasser und Energie soll in Zukunft wohl etwas eingeschränkt werden. So stand es in den Zeitungen Mitte 2012. Vernünftig klingende Pläne, behaftet mit der allgemeinen politischen Unsicherheit in Nahost und der speziellen saudischen Unsicherheit wegen des absehbar notwendigen Generationswechsels im Königshaus. Bislang kamen Brüder und Halbbrüder an die Macht, alles Söhne des Staatsgründers. In der Enkelgeneration geht die Zahl der potentiellen Regenten in die Tausend. Konflikte um die Herrschaft kann man sich ausmalen. Aber von den Auseinandersetzungen dringt nichts an die einem Ausländer zugängliche Öffentlichkeit. Wie wird der nächste König (Königin geht ja nicht) mit lebenswichtigen Ressourcen umgehen wollen? Was denkt die konservative Geistlichkeit? Mit jeder Leckage, jeder großen Pfütze, die in den Seitenstraßen von Riad die festgefahrene Lehmdecke aufweicht, kommen die Fragen wieder hoch.

Am nächsten Morgen ein Blick auf den neuen Kalender mit monatlichen Ereignissen, der per Mail an die im Compound lebenden Frauen geht. Die Übersicht mit den verschiedenen Einkaufszielen, die mit dem Kleinbus angesteuert werden, den Zeiten für Wassergymnastik im Pool, für Domino-Spiel und Bridge-Unterricht, enthält diesmal ein Extra: Vormittags-Bazar in einem anderen Edel-Gehege für besser verdienende Ausländer. Anmeldung erforderlich. Abaya verboten. Sprich: Auf jeden Fall mitnehmen, aber während des Bazar-Besuchs im Auto liegen lassen. Ein Ausdruck des Kalenders hängt auch am schwarzen Brett in der Nähe von Bar und Reinigung. Dort kommt es zu Verabredungen. Vertraute Gesellschaft ist gesucht. Ich mache mit.

Busse aus anderen Compounds und große Limousinen stehen am Tag des Bazars im Stau vor der Einfahrt zum ummauerten Gelände. Auf dem Innenhof dahinter parken schon viele große und kleinere Wagen dicht an dicht. Chauffeure stehen im Schatten der Autos herum. In vielen Grüppchen strömen Frauen über Steinplatten in grünem Rasen zu den Gemeinschaftsgebäuden, die sich auch hier um einen Pool gruppieren. Ich folge meiner Nachbarin Mary in eine mit Verkaufsständen vollgestellte Sporthalle. Kaum Platz für das Gedränge schaulustiger Frauen. Eine Stimmung wie auf einem Benefiz-Bazar zu Weihnachten. Mary kennt sich aus, kommt schon zum dritten Mal zu diesem Einkaufs-Treffen. Wir trennen uns, verabreden uns für später an der lokalen Poolbar.

Eine gute Stunde später teilen wir uns dort eine breite Strandliege, trinken grünen Tee aus Pappbechern, vergleichen das Umfeld mit dem Compound, in dem wir wohnen. Der Pool ist viel größer und im Winter geheizt. Aber die Umgebung ist steiniger. Nur wenige Palmen. Kein Golfplatz. In kleinen, grünen Parzellen hinter Wohnhäusern stehen große Grills.

„Hier bruzzelt jeder für sich. Wenn der Nachbar ein größeres Auto fährt, vermiest das die Laune. Suburbia pur", meint Mary. „Hast Du mitbekommen, dass Bob ausgezogen ist?"

Bob, das ist der Nachbar mit den bunten Golfbällen. Ich schüttele den Kopf.

„Nein. Wieso?" – „Hat wohl Meinungsverschiedenheiten mit seinem saudischen CEO gegeben. Schon konnte er packen. Alles." – „So schnell? Nicht mal Zeit für eine Abschiedsparty?"

„Auch nicht für einen Garage-Sale. Ihm wurde mit dem Rauswurf auch gleich die Aufenthaltsgenehmigung entzogen. Seinen Haushaltskram wollen Freunde für ihn verkaufen."

„Nicht die Freundin?"

Mary zuckt nur mit den Achseln.

Wir nippen beide am Tee. „Was wären die hier ohne uns Ausländer?" brummelt sie in sich hinein.

„Bobs Wohnung steht bestimmt nicht lange leer", bemerke ich. „Es gibt genug, die sich aus Neugier und mit Geld hierher locken lassen, sich arrangieren."

Dabei zeige ich auf uns, dann auf die andere Seite des Pools. Dort stehen Frauen in sommerlichen Kleidern im Sonnenschein Schlange bis zu einem Stand innerhalb der Halle.

Mary nickt kurz und nutzt meine Geste, um das Thema zu wechseln: „Der deutsche Bäcker verkauft jedes Mal alles, bis zum letzten Krümel." Nach noch einer kleinen Pause ergänzt sie. „Ein hübsches Mitbringsel habe ich gefunden. Kleine, gehämmerte Metalldosen mit Handcreme. Es gibt sie in zwei Düften." Mary holt silbrig glänzende Dosen aus einer weißen Plastiktüte, die sie am Fußende der Liege abgelegt hatte. „Ich habe beide gekauft. Das hier soll nach süßen Orangen und Mandeln riechen." Sie öffnet eine Dose. Auf der Creme liegt ein rundes Schutzpapier und eine kleine Karte. Darauf stehen ein arabischer Name, Zutaten und „Handmade". Sie hält mir die andere Dose unter die Nase. „Lavendel und Ambra."

Mary verschließt die Dosen wieder und fragt: „Hast Du denn gar nichts gekauft?"

„Hätte ich gern, mein Bargeld reicht aber nicht", antworte ich und spreche über ein Buch, das ich an einem Stand mit Folklore-Schmuck nach historischen Vorlagen gesehen habe. Mary leiht mir einige hundert Rial. Schon schiebe ich mich nochmal durch die Halle. Vorbei an Hobbymalerei und dramatisch drapierten Ausgeh-Abayas, vorbei an Stapeln von Orientteppichen im Original- und im Mousepad-Format, an Tischen mit bunten Windlichtern, mit hausgemachtem arabischen und amerikanischen Gebäck, Spielzeugkamelen aus Leder und Spielhöschen für Krabbelkinder, die – poltisch höchst unkorrekt – aus rotweißkarierten Shemags genäht wurden.

Der rot gebundene Bildband, der es mir angetan hat, liegt nicht mehr aus. Verkauft. Aber unter dem Tisch findet sich ein Schuber mit einem zweiten Exemplar. „Sowas läuft hier eigentlich nicht", erklärt mir die Frau am Stand. „Ich hatte es nur als Dekoration für den Schmuck aufgeschlagen." Die Aufnahmen in dem Buch stammen von jungen Saudis. Es sind farbige Bilder, die Auskunft geben, Zuneigung für das Land zeigen. Der Pflicht zu nur ornamentalen Kunst haben sie sich nicht unterworfen. Während ich das Buch nochmal durchblättere, löst sich die Schlange vor dem Stand mit dem deutschen Brot auf. Die leeren Regale hinter der mobilen Theke werden ausgefegt.

Im Bus zurück geht es um die nächsten Einkaufsziele. Die Schneider im gut erreichbaren Kuwaiti-Souk sollen die Auswahl an Bordüren für Abayas erweitert haben. Sogar leicht taillierte Gewänder sind gesichtet worden. Vom China Market wird abgeraten. Der Name der Mall hielte nicht das, was er verspricht. Bei einem großen Baumarkt wurden sehr konservativ gekleidete Männer – Hochwasserhosen, Häkelkäppi, Wildwuchsbart – gesichtet. Dort besser nicht hinfahren.

Für das nächste Wochenende steht bei den Ramblers ein Tagesausflug in die Wüste im Programm. Meinmann hat uns angemeldet. Kommt noch jemand mit?

Um für das bevorstehende Picknick einzukaufen, fuhren Meinmann und ich an einem der nächsten Abende in die Granada Mall. Während der Gebetszeit können wir im dortigen Supermarkt alles Nötige und noch mehr zusammensuchen. Das gelingt aber nur, wenn wir uns rechtzeitig im Laden befinden. Das heißt, bevor mit dem ersten Rufen des Muezzins die Ein- und Ausgänge mit Rollläden verschlossen werden. Zwar fehlt dann für etwa zwanzig Minuten die Bedienung an den Frischetheken und die Kassen sind nicht besetzt. Aber in den langen Gängen zwischen Schokoladentorten, Corn Flakes, Reissäcken und Orangensaft, zwischen Campingstühlen, Kindersocken und Sonnencreme vergeht diese Zeit rasch.

Wir mögen die Mall. Sie liegt in einem Neubau-Gebiet, was sonst in dieser Baustellen-Stadt, in dem neben Ausländern aus dem Westen eine Menge Saudis ohne Rauschebart leben. Mit ihren Frauen beladen auch sie die Einkaufswagen während der Gebetszeit. Sie beratschlagen sich, schieben abwechselnd den Wagen durch die Regalreihen. Manche Paare gehen sogar Hand in Hand, sie und er, Schwarz und Weiß, über den Parkplatz, als gäbe es keine Religionspolizei, die über die saudisch-guten Sitten wacht. Nebenbei strafen sie damit auch die Lügen, die meinen, dass arrangierte Ehen nur im Unglück enden können. Ob es hilft, dass der Vorauswahl der zukünftigen Ehepartner durch die Eltern eine Phase des telefonischen Kennenlernens über Handy folgt? Was unter anderem erklärt, dass das Mobilfunknetz in Riad gegen Abend häufig überlastet ist.

Dazu passt ein Beitrag in der *Saudi Gazette*. In der Rubrik „Lebenshilfe" gibt es einen Tipp für Männer: Auf dem Handy die Nummer der Ehefrau keinesfalls unter ihrem Namen speichern. Denn das Handy könnte verloren gehen oder ein neugieriger Mitmann könnte bei der Kontaktwahl den Namen erspähen. Deshalb wird zu einem Codewort geraten, etwa „Ihre Hoheit". Keinesfalls dürfte die Privatsphäre der Frau durch Preisgabe ihres Namens und/oder ihrer Telefonnummer verletzt werden. Warum ist das ein Problem? Mit der Frage bleibe ich allein. Als ich Meinmann den Zeitungsartikel zeige, behauptet er, die Saudis um ihn herum sprächen von ihren Frauen, als hätten sie vor ihnen Angst. Das soll ich glauben? Auch, wenn sie zwei oder drei Frauen haben? Meinmann meint, den Männern, die er kennt, wären mehrere Frauen viel zu teuer. Weil sie gleich behandelt werden müssten, multiplizierten sich die Ausgaben für Kleider, Schmuck ... Nur wenn eine Frau aus der Familie den Mann verliert und unversorgt wäre, würden sie notfalls der Sitte entsprechen und sie in ihre Familie aufnehmen.

Freitagsausflug in die Wüste. Mit mehreren Geländewagen über Sand und Stein, diesmal in eine von Beduinen durchwanderte Gegend. Nach einiger Kurverei durch weite, gewellte Ödnis, wie auf Bildern vom Mond, hielten wir bei einem einsamen Baum. Mit weit verzweigter Krone stand er vor einer steilen Wand aus vielschichtigem Gestein. Zwischen Baum und Felsen versteckt glänzte eine tiefe, dunkle Pfütze. Neben dem Wasserloch lag Dung. Kamele mussten in der Nähe sein. Wir gingen auf die

Suche, folgten ihren Wegspuren bergauf. Wie sie, blieben wir hintereinander. Zu Fuß unterwegs im spitzen Geröll ist jeder schon gebahnte Pfad willkommen. In einiger Entfernung erspähten wir eine kleine Herde. Ausgewachsene Tiere und Fohlen, allesamt weiß, wanderten durch die sonnige, sandgelbe Umgebung auf einen grünen Hain zu. Zwei Hirten in hellen Gewändern begleiteten sie. Malerisch. Aber nicht auf unserer Route. Die brachte uns in ein breites Tal mit Baumreihen und vielen Büschen entlang eines trockenen Wasserlaufs. Viel natürlicher Schatten für eine ausgedehnte Pause, die abrupt endet. Braune Kamele näherten sich vom Talende. Wir packten schnell zusammen, stiegen in die Autos, um die Tiere vorbeiziehen zu sehen. Es folgten mehr und mehr Kamele. Männer in zwei Pickups, die den Zug der großen Herde begleiteten, fuhren auf uns zu, hielten. Aus einem Auto stieg ein Beduine, wartete, bis auch von unserer Gruppe Männer im Sand standen. Freundliche Gesten zum Salam. Mit einem arabisch-englischen Wortgemisch bot er an, Kamelmilch zu verkaufen. Der zweite Pickup drehte, fuhr davon. Ein Moment des Misstrauens verflog, als wir sahen, warum. Er begleitete eine Kamelstute, die mit ihrem jungen Fohlen den Anschluss verloren hatte. Jetzt kletterten auch Frauen aus den Geländewagen der Ramblers, um das junge Tier besser beobachten zu können. Milch mochte niemand kaufen. Die Beduinen blieben geschäftstüchtig, luden ein zu Fotos mit einem aufgezäumten Reittier. Zum Dank erhielten sie genug Rial, um die freundliche Grundstimmung solcher Begegnungen zu erhalten.

NACH TAIF UND JEDDAH

Von Riad führt eine ziemlich gerade Autobahn Richtung Mekka nach Taif. Knapp 800 km nach Westsüdwest. Anfangs durchsticht sie die spektakuläre Landschaft am Steilabfall des Edge of the World, schwingt hinab in die westliche Ebene. Meist flaches, helles Land mit darauf verstreuten Büschen, irgendwann auch schwarze Lava auf Sand. Am Straßenrand stehen manchmal Verkehrsschilder, die vor Sandtürmen warnen. Solange wir sie lesen können, brauchen wir uns keine Sorgen machen. Lange, lange, lange keine Veränderung, bis ein steiles, zackiges Gebirge überraschend den Blick begrenzt. Das Hedschas.

Wir erreichen das Ziel schneller als gedacht. Vermutlich, weil wir die Stopps unterwegs auf das Allernotwendigste beschränkten: Im klimatisierten Auto aus der Kühlbox picknicken, Tankstellen-Moschee-Aborte möglichst selten und kurz aufsuchen. Feuchttücher und Desinfektionslösung aus Europa erst beim Weiterfahren preisen.

Weite Serpentinen führen auf 1900 Meter Höhe über dem Meer. Gebirgsblicke, Gemüsebau in schmalen Terrassen, in breiteren Senken Getreidefelder. Taif, eine arabisch-moderne Stadt, liegt in einem Hochtal. Wegen des durchweg angenehmen Klimas ein beliebter Ferienort, nur 70 Kilometer vom internationalen Pilgerziel Mekka entfernt. So kommen auch muslimische Besucher aus nicht-arabischen Ländern in diese Gegend. Für uns bedeutet das: leicht lesbare Wegweiser zum Hotel, zum Souk, zur Mall und auch zum gesuchten Museum, dem Shobra-Palast.

Mein Smartphone hilft bei der Feinorientierung mit einem gegoogelten Foto vom Gebäude. So stehen wir pünktlich zur nachmittäglichen Öffnung um fünf Uhr auf einer breiten Freitreppe aus weißen Steinen vor einer schweren, dunklen Holztür. Wir warten auf Einlass, betrachten Messingbeschläge und Schnitzwerk. Warten. Warten weiter, allein vor dem Palast an einer Durchgangsstraße. Keine Lehmfestung, sondern eine kalksteinweiße Prunkvilla im Stil der vorletzten Jahrhundertwende. Mit vier Stockwerken etwas höher als breit, mit Fensterläden aus dunklem Holz vor vielen hohen Rundbogenfenstern, mit golden gebänderten Säulen an den Hausecken, einer Krone aus weißen Steinmetzarbeiten, Vasen, Girlanden, Medaillons. An jeder Seite eine aufragende Reihe braunhölzern verschlossener Fensterbalkone. In den dreißiger Jahren des 20. Jahrhunderts diente die Villa Staatsgründer König Abdul Aziz als Sommerresidenz. Wir stehen davor. Vielleicht sind wir zu früh? Wir genießen die angenehme Wärme von unter 30 Grad, stehen im sanften Bergwind auf dem Podest vor der doppelflügeligen Tür, sind weithin sichtbar fremd hier. Mann in beigen Chinos, dunklem Polohemd, Schirmmütze, Frau mit flatternder Abaya, Sonnenbrille, Pferdeschwanz, keine Hijab. Eine Polizeistreife fährt vorbei, kommt nach einiger

Zeit zurück und hält. Ein drahtiger Mann in Uniform steigt aus. Wir gehen auf ihn zu, erklären unser Problem. Eigentlich müsste das Museum geöffnet sein, meint auch er, geht zur Tür, rüttelt am Griff. Aber vielleicht heute nicht. Wir sollen weggehen, es am nächsten Tag nochmal probieren. Das passt nicht zu unseren Plänen. Am Auto telefoniert Meinmann mit einer Bekannten in Riad, die sich auskennt, von der wir Hotel- und Museumstipps bekamen. Sie hört zu, ruft wenig später zurück. Das Museum sei offen. Wir müssten nur zum Hintereingang gehen. Wir laufen um das Gelände, das den Palast umgibt, sehen eine von einer Seitenstraße zugängliche kleine Grünanlage und eine Kiesfläche, auf der Autos stehen. Auf der Rückseite des Palasts eine Vorfahrt, noch ein Eingang. Auch verschlossen. Aber es gibt einen gut versteckten, modernen Anbau mit einer offenen Tür. Ein freundlicher, rundlicher Saudi mittleren Alters kommt uns von dort entgegen. Weiße Thobe, die rotkarierte Shemag hochgeschlagen über die schwarze Agal. Leicht hervortretende dunkle Augen, volle, glatte Wangen, dicker schwarzer Schnauzer. Überaus freundlich begrüßt er uns beide (!) mit Handschlag. „Welcome. I am so sorry, that the front door is closed. I don't know where the key is." Wir zahlen eine kleine Eintrittsgebühr, dürfen uns allein und nach Belieben umsehen. Erst im Anbau, wo arabische, islamische und saudische Geschichte erläutert wird – für saudische und englischsprechende Besucher. Weiter zu Räumen mit prähistorischen Funden in Vitrinen. Schließlich gelangen wir durch einen verwinkelten Verbindungsgang zu einer offenen Seitentür des Palasts. In den ehemaligen Staatsgemächern riecht es leicht muffig. Die vielen Fenster sind fest verschlossen. Durch die Lamellen der Holzläden fällt etwas Licht. Eine repräsentativ breite Treppe führt in hohe Räume. Orientteppiche, Kristallleuchter. Ein imposanter Schreibtisch aus dunklem, poliertem Holz. Dazu tiefe Polstersessel, zum Gespräch gruppiert. Zeitweise traf sich das saudische Kabinett hier im Sommer. Später wurde der Palast zum Hauptsitz des Ministeriums für Verteidigung und Fliegerei. Was nicht wundert, denn bei Taif gab und gibt es einen wichtigen (Militär-)Flughafen. Als wir uns verabschieden, hat der freundliche Saudi den Schlüssel zum Haupteingang in der Hand. Er bringt uns zur Tür, steht einen Moment mit uns im abendlichen Sonnenschein auf dem weißen Podest vor der Schwelle. Ihn interessiert, mit welchem Auto wir unterwegs sind. Wir deuten auf unseren von der Fahrt schon gut staubverklebten Cruiser. Er nickt zustimmend, als ob ihm nicht nur dieser grauweiße Geländewagen gefällt. Sondern auch, als ob er erst jetzt glaubt, dass wir so einfach quer durch Saudi-Arabien fahren.

Am nächsten Tag schon vor sechs Uhr wieder im Auto. Wir suchen nach Rosenfeldern. Es ist Erntezeit für Ölrosen, April. Im ersten Morgenlicht sollen die duftenden Blüten gepflückt werden. Das wollen wir sehen. An der neuen Zufahrtstraße in das Hauptanbaugebiet bei Al Hada kommen wir nicht weiter. Gesperrt wegen Erdrutsch. Enttäuscht kehren wir um, wollen auf kringeligen Straßen weiter Ausschau halten. Nur wo? Hier und da entdecken wir kleine Parzellen, wo Männer in blauen, grauen weiten Hemden zwischen rund gebundenen, grünen Büschen stehen. Sie bewegen sich kaum. Doch die winzigen rosa Fleckchen zwischen dichten, grünen Blättern verschwinden im Umsehen. Bald faszinieren Ausblicke in gebirgige Abgründe mehr als die Rosenbüsche in Spalierobstreihe. Auf schmalen Stützmauern für an den Berg geschmiegte Gemüsebeete wandern Paviane entlang. Zeit zum Frühstücken, auch für uns. Zurück im Hotel, am französisch-arabischen Büffet, fragen wir nach dem Weg zu einer Rosenölmanufaktur, die uns in Riad genannt wurde. Für ein fürstliches Trinkgeld will uns ein Hotelangestellter dorthin bringen. Wir haben genug Tee getrunken, um an unseren Orientierungssinn zu glauben, fahren deshalb mindestens fünfmal um dieselben Häuserblöcke. Meinmann hält schließlich und fragt nacheinander bei einem Barbier, in einer Reinigung, in einem Straßencafé. Dort endlich nickt jemand. Die Manufaktur sei ganz in der Nähe, nur den Weg könnte er nicht erklären, sagt ein jüngerer Mann, hoch gewachsen, bartlos, in Jeans und dunklem Hemd. Er zahlt, steigt in ein Auto, winkt durch das offene Seitenfenster auffordernd, ihm zu folgen. Keine zwei Minuten fährt er vor uns her, bremst nach zwei scharfen Ecken in einer Seitengasse, die wir übersehen hatten. Vor ihm warten zwei schlammverkrustete Pickups an einer hohen Toreinfahrt. Auf den Ladeflächen unter Netzen stehen Körbe voller kleiner rosa Blüten. Wir parken, steigen aus, wollen uns bei unserem Lotsen mit einem (fürstlichen) Trinkgeld bedanken. Doch das weist er zurück, gibt sich glücklich, weil er uns helfen konnte. Also tatscht Meinmann dankend auf seinen Unterarm, der aus dem offenen Autofenster ragt, ich neige leicht lächelnd den Kopf, rechte Hand auf dem Herz. Er strahlt zurück, sagt, dass er sich über unser Interesse an Taif, an Saudi-Arabien freut. „Das hilft dem Land auf dem Weg in die Zukunft", meint er, winkt nochmal und lässt uns stehen. Wir schlängeln uns an den Pickups vorbei in den Innenhof. Noch ein lehmgrauer Kleinlaster. Auf dem Boden davor Rosen in Säcken, in hohen, in einander laufenden Haufen. Wir stehen knöcheltief in den Blüten – es lässt sich wirklich nicht vermeiden – schauen uns um. Schon watet ein junger Mann durch das Rosa auf uns zu, begrüßt uns, als hätte er auf uns gewartet. „Zwölftausend Blüten für neun Gramm Öl", erklärt er später. Weltbekannte Parfum-Hersteller, er nennt ein paar große Namen, schätzen das Rosenöl aus Taif besonders. „Attar-Qualität", bemerkt er noch, als müssten wir wissen, was das bedeutet, schauen später nach: Dampfdestillation aus frischen Blüten, keine chemische Extraktion, nichts Synthetisches.

Umweht von Rosenduft, dank der Öltröpfchen auf meiner Abaya und der Tüte voller Blüten auf dem Rücksitz, begleitet vom Sprechgesang aus den Minarett-Lautsprechern, fahren wir mittags bergauf, vorbei an kleinen Rosengärten und großen Ferienhotels zu einem Aussichtspunkt. Unter dem einzigen, blattlosen Baum, der ein Picknick in spärlichem Schatten erlauben würde, hockt eine Gruppe Paviane. Wir rollen weiter bergauf, lassen Strandstühle und Kühlbox aber im Auto. Einige Paviane folgen uns, mal zögernd, mal schneller. Meinmann bleibt kaum Zeit auszusteigen, um den Ausblick durch steil aufragende, steinige Berge in die aride Ebene von Mekka zu fotografieren. Der gesamte Affentrupp ist in kollernde Bewegung geraten. Bald sitzt ein Pavianweibchen auf der Kühlerhaube, klopft an die Windschutzscheibe, streckt bettelnd eine Hand aus. Es wirkt bedrückend menschlich. Hupen. Motor aufjaulen lassen. Bloß wegfahren, bevor auch noch die Affen das Auto belagern, die gerade alten Picknick-Müll durchsuchen, der herum liegt.

Abends im Aufzug zur Dachgarten-Lounge eines neuen, feinen Hotels: Ein junges Paar in Landestracht rückt zusammen, damit wir einsteigen können. „Paar" schreibe ich, es kann ja nicht anders sein, aber der Eindruck war: „Pärchen". Verliebt, sich selig musternd. Er noch kein Bartträger, sie schwarz verhüllt bis auf die ebenso schwarz umrandeten, großen braunschwarzen Augen. Noch mehr junges Glück in Jeddah. Unser Hotel am Strand, pompös modern, scheint bei Honeymoonern sehr beliebt zu sein. Soviel schmachtende Blicke hinter halbgeschlossenen Paravents in den Restaurants, soviel Händchenhalten, dass wir es bei allem Bemühen um höfliche Diskretion nicht übersehen können.

Die Route nach Jeddah war wohl die gefährlichste Strecke, die wir in Saudi-Arabien gefahren sind. Einige Kilometer vor Mekka werden Nichtgläubige aufgefordert, die ordentliche Autobahn zu verlassen. Der Abzweig führt auf eine einfache Straße, auf der viele Lastwagen unterwegs sind. Ihre Überholmanöver machen uns mehrfach Angst auf der tristen, heißen Strecke. Erst nur ein trockenes Tal, steinige Berge. Am Weg kleine, brachliegende Felder zwischen nachlässig aufgehäufelten Deichen aus rissigem Lehm. Unwirtliche Landschaft. Ödnis für Auge und Seele. Dann verlassene, verkommene oder nie vollendete Gewerbeansiedlungen. Allmählich kommt Jeddah näher. Jeddah, die „Braut des Meeres". Autobahnen teilen ein eitläufiges Stadtgebiet. Baukräne lassen ahnen, wohin sich die modern-urbane Besiedlung ausdehnt. An der Küste rauchen zwei Kraftwerke. Es dauert einige Zeit, bis wir endlich unter vom Wind zersausten Palmen an einem Stück Strandpromenade parken. Es ist sauber hier, sonnigwarm. Eine erfrischende Brise bläst vom Roten Meer. Wir sehen Strandspaziergänger vor sanfter Brandung, im Sand sitzen Gruppen, die sich unterhalten. Kinder, die laut spielen. Nichts Ungewöhnliches? Doch: Alle weiblichen Wesen am Strand tragen Abaya und Hijab. Schwarz vom Scheitel bis zu den nackten Füßen. Im Wind schlottert der Stoff um die Figuren, enthüllt mehr, als er verbirgt. Keine Religionspolizei weit und breit. Nicht umsonst gilt Jeddah als liberaler Fleck in Saudi-Arabien.

Dazu passt, dass sich in dieser Stadt die angeblich einzige Kulturszene im Königreich etabliert hat. Leider platzt die über eine saudische Freundin in Riad eingefädelte Verabredung mit einer Frau, die sich auskennt. Die Arbeit lässt ihr keine Zeit.

Aber sie möchte uns nicht versetzen, vermittelt den Kontakt zur nächsten Freundin. Nach einigen kreuz-und-quer-Mails ist ein Treffpunkt in der Nähe der Altstadt festgemacht.

Von Norden, wo unser Hotel am Meer am derzeitig äußeren Siedlungsring Richtung Medina liegt, folgen wir der „Corniche" Richtung Zentrum, sehen eine Menge großformatiger Kunstwerke auf Verkehrsinseln, breiten Mittelstreifen. Hinter Baustellenzäunen vor der Strandpromenade müssen noch mehr Skulpturen stehen. An die 400 sollen es sein. Gemessen an der Länge der Corniche müsste alle 100 bis 150 Meter etwas Neues auftauchen. Beim Vorüberfahren habe ich nicht mitgezählt, nur gestaunt über die Vielfalt, die Menge.

Ganz anders kunstvoll die Altstadt. Eines der historischen Stadttore, das Bab Jadeed, liegt an unserem Weg. Teil einer längst verschwundenen Stadtmauer aus Korallenblöcken und Lehm. Zwei dicke, gedrungene Rundtürme mit einem Kranz aus Schießscharten um einen spitz zulaufenden Torbogen. Am Platz dahinter sechs Stockwerke hohe Häuser, ummantelt von blickdichten, luftdurchlässigen Fensterbalkonen aus braunem Holz. Gitter, Lamellen, eingefasst mit Kassetten, geometrischen Ornamenten, stilisierten Blüten. Vielfältig, dekorativ. Wo das Schnitzwerk lindgrün gefärbt vor weißen Steinmauern steht, wirkt es auch optisch erfrischend. Sichtschutz in arabesker Vollendung. Leider schon lange vernachlässigt, im Zerfall. Auch die Steinmauern hinter dem Schnitzwerk bröckeln.

Zur vereinbarten Zeit sitzen wir in der Halle eines Hotel, in dem Meinmann einmal Ende der achtziger Jahre nächtigte. Damals lag es am Stadtrand. Jetzt ist er mindestens eine halbe Autostunde entfernt.

Als Asmaa pünktlich in der Halle erscheint, Khalid dicht hinter ihr, gehen wir ohne langes Überlegen aufeinander zu. Sie begrüßen uns wie alte Bekannte, fragen nach unseren Interessen. Wir sagen Kunst und Architektur, nennen Galerien, Museen. Sie nikken, wollen heraus finden, wo sie liegen, uns dorthin begleiten. Khalid kennt einen jungen Architekten. Bei dem will er sich Tipps holen. Asmaa verrät von sich – noch – nicht viel. Sofern ihre langen offenen Haare und ihre ungewöhnlich lässige, viele

Falten werfende Abaya nicht schon als Meinungsäußerung gelten. Sie lotsen uns durch einen traditionellen, touristenfreien Souk, durch ärmste Straßenzüge. An einem großen Loch mitten in der Altstadt treffen wir auf Khalids Architekten-Freund, Atieh. Die Altstadt soll gerettet werden, erklärt Atieh. Restaurierungen kämen voran. Als Beispiel zeigt er auf das Loch, klettert vor uns in die alte Zisterne, groß wie eine Baugrube für ein Einfamilienhaus mit doppelter Kellertiefe. Vielleicht wird dort manchmal gearbeitet. Asmaa schiebt einem einsamen Aufpasser an dem sparsam gesicherten Loch diskret einen Zehn-Rial-Schein zu, damit wir alle dorthin dürfen, wo früher Regenwasser von den Dächern der umliegenden Häuser zusammenfloss. Dass unsere Abayas danach nicht mehr schwarz sind, stört nicht weiter. Atieh weist auf die Schnitzereien vor den Hauswänden, erklärt ägyptische und indischen Einflüsse auf die Architektur. „Eine Hafenstadt war Jeddah schon immer", ergänzt Khalid. „Seit dem 7. Jahrhundert auch für Mekka-Pilger. Alles kam über das Meer. Das Teakholz, das Redwood." Er grinst kurz, deutet auf einige Fensterbalkone über uns. „Und die Handwerker. Nach Leuten, die sowas können, hätte man in Arabien lange suchen müssen." Stolz schwingt mit, als er erwähnt, dass Jeddah viel älter ist, als das herrschende Königreich.

Einer Legende nach soll die alttestamentliche Eva die Stadt gegründet haben, sogar hier begraben liegen. Jeddah – ein Ersatz für das verlorene Paradies? Jedenfalls soll es ein Grabmal außerhalb der Stadt geben, das seit ein paar Jahrzehnten – zubetoniert – auf dem islamischen Index steht, weil angeblich zu viele Pilger auf dem Weg nach Mekka auch der Ur-Mutter huldigten. Dass der Name der Stadt heute auf das arabische Wort für Großmutter oder Stammesmutter „Jaddah" zurückgeführt werden kann, passt zu dieser Geschichte.

Khalid führt uns durch schmale Gassen zu einem auffallend grün und braun bemalten Portal. Kalligraphische und ornamentale Schnitzerei in Fülle über der zweiflügeligen Tür. Selbst die Eisenbeschläge auf der Tür scheinen mehr dekorativ als notwendig. Der Eingang zur ältesten Schule der Stadt. Ein hagerer Mann spricht Khalid an. Zerfurchtes, braunes Gesicht, auf dem Kopf das weiße Tuch um die Agal zum Turban hoch gewickelt, kein Bart. Wir verstehen, dass Khalid uns als „Nicht-Amerikaner" bezeichnet. Der Mann fragt nach, hört die Antwort. „Aleman?" Er lächelt uns zu, streckt uns, um Sympathie zu zeigen, eine Faust mit hochgestrecktem Daumen entgegen. Nummer 1! Wie schön, dass es auch ältere Männer gibt, die fremde Frauen mit offenen Haaren nicht feindselig betrachten.

Mehrmals wedeln wir durch den Verkehr – es wird vielmehr gehupt als in Riad – Khalid fährt voraus. Beim Hin und Her über gut geführte Straßen fällt der Unterschied zwischen den beiden Städten auf. Jeddah strahlt eine über lange Zeit gewachsene Urbanität aus. Selbst noch im ausfernden Neubaugürtel wirkt sie nicht so halbfertig, so aus dem staubenden Boden gestampft, wie die junge Hauptstadt.

Abends, im Strandrestaurant, erzählen wir Asmaas und Khalids Freunden von unseren Besichtigungstouren: Das Museum, das wir besuchen wollten, das eine telefonische Voranmeldung erfordert hätte, konnten die beiden nicht ausfindig machen. Dafür ein anderes, dass sie auch nicht kannten, das Al Taybait City Museum for International Civilisation. Ein großer, viel verwinkelter Gebäudekomplex, überladen mit Beispielen für Fensterbalkone und andere Holzarbeiten. Eine Mustersammlung auch für traditionelles Wohnen mit Halbhoch-Betten. Unter den aufgebockten Liegeflächen verschwindet Hausrat, versteckt von gerade fallenden Stoffbahnen. Auch von Fehlschlägen bei der Suche nach moderner Kunst sprechen wir. Immerhin eine Galerie wirkte professionell, international ambitioniert. Sie versucht am Rande der Art Basel europäische Käufer für sehenswerte Arbeiten saudischer Zeitgenossen zu gewinnen.

Asmaa bietet mir an, die Wasserpfeife mit ihr zu teilen. Zusammen mit ihren Freunden überlegt sie, was noch sehenswert für uns sein könnte. Die große Fontäne, den King Fahd Fountain, an der Corniche vor der Innenstadt, sollen wir uns noch am selben Abend anschauen. Dem Jet d'Eau im Genfer See nachempfunden, schießt im Scheinwerferlicht eine dicke, gischtweiße Wassersäule aus dem Roten Meer in den Nachthimmel. Über 300 Meter hoch soll sie sein. Mehr als doppelt so hoch wie die Fontäne vor

Genf. Eine weiße Moschee will uns Khalid noch zeigen. Aber nur von außen. Sie steht auf Säulen am Ufer einer Bucht. Bei Flut scheint sie zu schwimmen. Khalid erzählt, er habe vor zehn Jahren dort eine öffentliche Hinrichtung gesehen. Er sei neugierig gewesen. „Das gibt es seitdem nicht mehr", meint er. Ob er nochmal zu einer Hinrichtung gehen würde? Er schaut in die Runde, schüttelt den Kopf. Seine Freunde drehen das Gespräch, erzählen, warum sie Jeddah allen anderen Plätzen in Saudi-Arabien vorziehen. In ausgesuchter Gesellschaft gibt es hier das eigentlich Unmögliche: Filmabende, Poetry Slams, Chansons zur Guitarre, live. Ob wir nächste Woche noch in Jeddah seien? Dann könnten wir dazu kommen. Mit Europäern über einen italienischen Film zu diskutieren, fänden bestimmt alle interessant. Wir müssen verneinen, bedauern die verpasste Gelegenheit, mehr von dieser Subkultur zu erfahren. Ob wir denn beide willkommen wären, oder nur Meinmann, frage ich. Asmaa zieht kurz an der Shisha, schaut mir dann in die Augen. „Da gibt es keine Probleme. Frauen organisieren das Ganze. Die Moderation liegt bei mir."

Wer liest das jetzt? Sollte ich diese Passage besser weglassen? Dass ich darüber nachdenke, spricht gegen das Königreich, viel mehr noch gegen die dort und anderswo lebenden Islamkonservativen, die im Mittelalter verharrenden Extremisten. Weitere Details behalte ich für mich. Nur noch eins: Jazz Sessions veranstalten sie auch. Aber nur an Orten, wo sie akustisch nicht auffallen.

Atieh erzählt vom Haus eines in Jeddah lebenden Architekten. „Sami Angawi. Den kennt ihr doch?" Er greift zu einer frisch gefüllten Karaffe Saudi Champage, aus der ein Stängel Minze ragt, in der Eiswürfel klackern, füllt nochmal die hohen Wassergläser auf dem dunklen Holztisch. „Einen so berühmten Architekten müsst ihr doch kennen." Er schwärmt von großartigen, arabisch-anheimelnden Räumen, die sich, über Stufen getrennt, offen aneinander reihen. Von verschiedenfarbigem Marmor, bunten Fliesen, Mosaiken am Boden. Von Sitzgruppen, langen Polsterbänken mit Lehnen voll Schnitzereien um orientalische Teppiche, Samtkissen in Mengen, mit Troddeln und Quasten, von Buntglasfenstern. Im Zentrum seines Hauses läge ein über alle drei hohen Stockwerke reichender, überdachter Innenhof, in der Mitte ein Pool, sagt Atieh. „Den könnt ihr euch sogar im Internet anschauen. Mit Mosaiken unter Wasser. An den Wänden, von Galerien um den Pool, wuchert es Grün." Das ganze Haus sei luftig. Auch vor privaten Räumen gäbe es keine Wände, nur helle, zur Seite geraffte Vorhänge, dichte Gitter aus Holz. Angawi habe sich der Bewahrung des Alten im Neuen verschrieben. Atieh klingt begeistert. Auch er möchte traditionelle Bauformen beleben, fort entwickeln Dass sei ökologischer, viel nachhaltiger. Laut Atieh würde Angawi befürchten, dass mit beliebig moderner Architektur aus Mekka ein touristisches Spektakel wird. Deshalb läge er sogar mit den Al Sauds in Riad im Streit.

Nochmal geht es um Pläne für den nächsten Tag. Wir werden in das Gespräch nicht einbezogen, hören nur, dass es sich um einen „großartigen Einfall" handelt. Drei i-Phones leuchten gleichzeitig auf. Es wird telefoniert, diskutiert, telefoniert, gelacht. Khalid bestellt noch mehr Saudi Champagne, reicht uns später eine Adresse, an der wir uns zur nächsten Runde durch Jeddah treffen sollen.

Um uns für den Abend, das offene Gespräch, bei allen zu bedanken, bezahlen wir – nach heftiger Gegenwehr, weil wir, Fremde, doch die Gäste seien – nicht nur die Zeche. Sondern wir erzählen, dass und wie Europäer unter saudischen Bedingungen heimlich Wein machen. Vertrauen gegen Vertrauen. Unsere praktischen Hinweise klingen in den Ohren der jungen Saudis an unserem Tisch offenbar sehr verwegen und nicht unbedingt nachahmenswert. Wein verträgt sich nicht mit ihrer Religion. Modern wollen sie leben, aber auch fromm.

Als wir uns schließlich von Asmaa und Khalid verabschieden, lassen wir die vielen duftenden Rosenblüten aus Taif bei ihnen. Mit Dank und guten Wünschen denke ich oft an sie. Besonders, wenn die Venus am Abendhimmel aufblinkt.

AUSREISEN DÜRFEN

Wieder in Riad müssen wir Koffer packen. Unsere Aufenthaltserlaubnis für Saudi-Arabien läuft aus. Aber das heißt nicht, dass wir einfach ausreisen dürfen. Im Computer der Grenzbeamten steht alles, was hinderlich sein könnte, das Land zu verlassen. Sogar die nicht bezahlten Strafzettel der Verkehrspolizei. Die kommen nicht per Post. Jeder Autofahrer muss via Internet selbst im Strafregister nachschauen, ob eine Buße fällig ist. Wer eine Zahlungsfrist verpasst, zahlt zusätzlich Zinsen. Als Frau ohne Führerschein kann ich mit meinem noch gültigen Mehrfach-Visum einfach auf und davon. Letztes Hindernis ist die Sicherheitskontrolle. Das Bordgepäck muss, wie überall, durch den Scanner. Zur Personenkontrolle verschwinde ich hinter schwarzen Stoffwänden. In einem kleinen Raum warten zwei junge, schwarz verhüllte Frauen auf Abwechslung. Sie lesen, lackieren sich die Fingernägel. Mit Metalldetektoren wischen sie über die Abaya, schauen vorsichtig darunter, wenn ein Piepsen zu hören war. Hinter einem weiteren schwarzen Vorhang warten die Anzeigetafeln für die internationalen Flüge. Es geht zurück in mein europäisches Dasein. Alhamdulillah.

Meinmann muss bleiben, bis der Arbeitgeber seiner Ausreise zustimmt. Auch das steht im Computer. In seinem Fall eine Formalität. Seine Aufgabe ist erledigt.

Bevor seine Ikama abläuft, muss er alle Verträge lösen, alle Konten schließen. Es gibt kein Zurück, um Vergessenes nachzuholen. Nicht einkassiertes Guthaben verfällt genauso wie die noch nicht völlig abgewohnte, zwangsläufig für ein Jahr im Voraus bezahlte Miete und Prämienreste von Versicherungen. Beim Abheben der letzten Rial fühlt sich Meinmann unbehaglich. Jemand hat ihm erzählt, dass es Banden gibt, die Ausländer ausrauben, wenn sie nach der Kontenschließung aus der Bank gehen. Aber er braucht bis zum Tag der Abreise etwas Bargeld. Im Übrigen muss er sich auf eine funktionierende, ausländische Kreditkarte verlassen.

Den baldigen Kontenschluss im Blick will Meinmann das geliebte Wüstenauto rechtzeitig verkaufen. Es verfügt über Ausstattungen, die in Europa überflüssig sind. Dafür fehlen andere Funktionen, die nötig wären. Auch Hausrat und Elektronik möchte er vor dem Kisten- und Kofferpacken loswerden. Geschirr, Toaster, Drucker und Campingsessel sollen aber nicht, wie üblich, an andere, finanziell gut gestellte Ausländer in der Nachbarschaft gehen. Lieber möchte er sie an Bedürftige im Land verschenken. Auch die gibt es. Über saudische Bekannte nimmt er Kontakt zu einem wohltätigen Verein auf. Den managen Frauen und schon gibt es noch einmal saudische Probleme. Wie soll eine Frau aus der Wohnung eines fremden Mannes brauchbaren Hausrat abholen können? Und warum soll eine saudische Frau in einen Compound voller Ausländer eingelassen werden? Weil alle die Idee gut finden, gibt es eine einvernehmliche Lösung. Mit einem vor Meinmanns Tür positionierten Wachmann vom Compound und dem Chauffeur der Frau ist den saudischen Regeln genüge getan.

Dann endlich Abflug aus Riad. Wir freuten uns über kleine Geschäfte hinter der für Sicherheitskontrolle. Es gibt sie erst seit 2012. So konnten wir noch einmal saudische Datteln kaufen. Khudri mit Mandeln.

DANACH

Saudi-Arabien hat im Sommer 2013 sein Wochenende auf die in Nahost üblichen Tage verschoben: Jetzt fällt das saudische Wochenende auf Freitag und Samstag, statt bisher auf Donnerstag und Freitag. Für die weltweiten Geschäftskontakte sicher hilfreich. Ein königlicher Beschluss liegt dem zu Grunde, vermutlich nicht zur Freude der Islamkonservativen. Vorbei ist damit die alle sieben Tage sichtbare Sonderstellung in der Abgrenzung zu Israel. Beim Übergang von der alten auf die neue Regelung gab es Mitte Juli zur allgemeinen Begeisterung drei freie Tage.

Ebenfalls im Sommer 2013 wurden viele jemenitische Arbeiter nach Hause geschickt, um Platz für arbeitslose Saudis zu machen. So hieß es. Ob es so leichter fällt, terroristische Aktivitäten aus dem Süden der Arabischen Halbinsel zu überwachen? Das Zwischen-den-Zeilen-lesen kann ich nicht mehr lassen.

Nachrichten am 26. Oktober 2013: Wieder einige Aufregung, weil Frauen angekündigt haben, ein Auto durch die Stadt zu lenken. Die, die von der Polizei erwischt werden, müssen schriftlich versprechen, es nicht wieder zu tun. Und müssen warten, bis ein männlicher Vormund sie abholt, das Steuer übernimmt. Nein, es gibt kein Gesetz, das den Frauen das Fahren verbieten würde, nur einen religiös basierten, gesellschaftlichen Konsens. Aber der kann sich ändern.

Ende

Glossar

Abaya – schwarzes bodenlanges Übergewand für Frauen aus glattem Stoff, mit Druckknopfverschluss.

Agal – schwarze, geflochtene Doppelkordel, auf Ghutra bzw Shemag getragen, auch Fußfessel für Kamele.

Bischt-Mislah – bodenlanger, leichter Mantel für Männer aus brauner oder schwarzer Wolle, für spezielle Anlässe verziert mit Goldborten.

Compound – eingefriedete, bewachte Wohnanlage, unterschiedlich in Größe und Komfort.

Empty Quarter – s. *Rub al Khali*.

GCC – Gulf Cooperation Council, Zusammenschluss von sechs Staaten auf der Arabischen Halbinsel (Bahrain, Kuwait, Oman, Qatar, Saudi-Arabien, Vereinigte Arabische Emirate), gegründet 1981 als Reaktion auf die Islamische Revolution im Iran und den Ersten Golfkrieg.

Ghutra – Kopfbedeckung für Männer aus weißem, zum Dreick gefaltetem, 140 cm x 140 cm großemTuch, s.a. *Shemag*.

Golf-Kooperationsrat – s. *GCC*.

Hijab – schwarzes Kopftuch für Frauen, das Haare völlig bedeckt, nur das Gesicht frei lässt.

Laban – Trinkyoghurt, ursprünglich aus Kamelmilch, heute meist aus Kuhmilch.

Mubkhar – Räuchergefäß, in vielfältigen Formen, vom kleinen Turm bis zum großen Füllhorn.

Mutawah – Religionspolizei, „Kommission zur Förderung der Tugend und Verhinderung des Lasters".

Nikab – schwarzer Gesichtschleier, der die Augen frei lässt, wird mit Bändern hinter dem Kopf festgebunden.

Oud – Räucherholz.

Rub al Khali – das „Leere Viertel", große Wüste im Süden Saudi-Arabiens, überwiegend Sanddünen, die bis zu 300 m hoch werden; die größte Düne, die „Tal Moreeb" bei der Liwa-Oase, ist berühmt für ihre steilen Anstieg von 50°; sie zieht jeden Januar Motorsportler an, Videos dazu unter „Tal Moreeb" im Netz

Saudi Champagne – Apfelsaftschorle mit Grünem Apfel in feinen Scheiben und frischer Minze.

Schura – Im Islam eine beratende Versammlung, die in Saudi-Arabien vom König berufen wird. Seit 2013 gehören dem Gremium in Riad erstmals Frauen an. Sie sollen von nun an wenigstens ein Fünftel des 150 Mitglieder zählenden Rats ausmachen. Die Frauen sitzen von den Männern getrennt, betreten durch eine gesonderte Tür den Versammlungssaal und sind gehalten, sich der saudischen Sitte entsprechend zu verschleiern

Shemag – Kopfbedeckung für Männer aus weiß-rot gemustertem, zum Dreick gefaltetem Tuch (laut Khalid ist die Herkunft des Musters unbekannt und sei bestenfalls auf das erste Bekanntwerden britischer Tischdecken zurück zu führen), s.a. *Ghutra*.

Shia – Schiiten, im Islam die zweitgrößte religiöse Gemeinschaft, beruft sich auf Mohammeds Schwiegersohn und Cousin Ali als dessen Nachfolger. Die meisten Schiiten leben im Irak und Iran. Die Hisbollah im Libanon wird von Schiiten gestellt.

Sunni – Sunniten, im Islam die größte religiöse Gemeinschaft, der Name bedeutet „Traditionalisten". Zu den Sunniten zählen die Wahabiten. Ihre Lehre herrscht in Saudi-Arabien. s.a. *Wahab*

Taqiyha – weiße, gehäkelte, kleine, runde Kopfbedeckung für Männer; mit Kopfbedeckungen folgt man den Gebräuchen Mohammeds p.b.u.h.

Thobe – meist weißes, langärmeliges, gerades, bodenlanges Männergewand, im Oberteil häufig ähnlich einem Oberhemd.

VAE – Vereinigte Arabische Emirate, nach Ende des britischen Protektorats 1971 gegründete Föderation von sieben Emiraten (Abu Dhabi, Ajman, Dubai, Fujairah, Ras al-Kaimah, Sharjah, Umm al-Quwain), Abu Dhabi steht für das größte Emirat, die größte Stadt und Hauptstadt der VAE.

Wahab – besser: Ibn Abd al-Wahha, islamischer Gelehrter und Begründer einer streng am Koran orientierten, strikt monotheistischen Glaubensrichtung, lebte und wirkte im 18. Jahrhundert 90 Jahre lang. Er siedelte sich 1744 in Diriya an, nahe dem heutigen Riad, und verbündete sich mit dem dortigen Emir Ibn Saud. Mit dem Ziel einer Staatsgründung übernahm Wahab die religiöse Führerschaft, Ibn Saud die politische und militärische, um Beduinen-Stämme zu unterwerfen, zu bekehren. Mehr Information findet sich im Netz.

DIE AUTORIN

Laura Imsand, Jahrgang 1951, wuchs in Frankfurt am Main auf und publizierte bereits als Schülerin zeitkritische Texte. Nach natur- und rechtswissenschaftlichem Studium arbeitete sie im Bereich Information und Medien, vor allem über ökologische und europapolitische Themen, zunächst im Rheinland, später in Belgien. In den vergangenen dreißig Jahren lebte und schrieb Imsand überwiegend im europäischen und außereuropäischen Ausland. Um Eindrücke in der arabischen Welt zu sammeln, beschränkte sie sich auf ein Leben als Ehefrau. Inzwischen wohnt Imsand in London, wenn sie nicht unterwegs ist.

DER VERLAG

Im Programm des axel dielmann – verlag Frankfurt am Main finden sich, neben viel Belletristik von zeitgenössischen Autoren sowie Klassikern und Klassikern der Modern, zahlreiche kultur- und kunstgeschichtliche Publikationen. Informationen hierüber sind auf der Homepage

www.dielmann–verlag.de

anzuschauen, und gerne verschicken wir an Interessierte unseren Newsletter – eine Mail an neugier@dielmann–verlag.de genügt.

Bleiben Sie neugierig!

Axel Dielmann